Module Erziehungswissenschaft

Band 5

Reihe herausgegeben von
Hedda Bennewitz, Universität Kassel, Kassel, Hessen, Deutschland
Andrea Kleeberg-Niepage, Europa-Universität Flensburg, Flensburg, Schleswig-Holstein, Deutschland
Sandra Rademacher, Europa-Universität Flensburg, Flensburg, Schleswig-Holstein, Deutschland

‚Module Erziehungswissenschaft' ist eine moderne Lehrbuchreihe, die der Organisationsstruktur erziehungswissenschaftlicher Studiengänge in Modulen entspricht. Jede Einführung greift einen Kernbegriff oder Gegenstandsbereich auf, der zentral für die Modulbeschreibungen zum Studium an Hochschulen ist. In übersichtlichen und klar gegliederten Darstellungen finden Studierende einen komprimierten Überblick zum Fachgegenstand. Definitionen, zusammenfassende Übersichten und kommentierte Literaturhinweise helfen, das Gelernte zu vertiefen. Damit wird ein sicherer Einstieg in die zentralen Begriffe und Lernfelder der Erziehungswissenschaft ermöglicht. Die Konzeption der Bücher orientiert sich eng am Studien- und Arbeitsalltag von Studierenden und Dozentinnen und Dozenten. Im Laufe eines Semesters lassen sich die „Module" oder einzelne Kapitel als „Teilmodule" daraus effektiv in Seminarveranstaltungen – oder als Vor- und Nachbereitung von Vorlesungen – einsetzen und bearbeiten. Ziel der Reihe ‚Module Erziehungswissenschaft' ist es, ein gesichertes Basiswissen für das Fach Erziehungswissenschaft in Form von modul-orientierten Lehrbüchern zu entwickeln und bereitzustellen.

Weitere Bände in der Reihe http://www.springer.com/series/15089

Erwin Breitenbach

Diagnostik
Eine Einführung

Erwin Breitenbach
Humboldt Universität zu Berlin
Berlin, Deutschland

ISSN 2524-3519 ISSN 2524-3527 (electronic)
Module Erziehungswissenschaft
ISBN 978-3-658-25149-9 ISBN 978-3-658-25150-5 (eBook)
https://doi.org/10.1007/978-3-658-25150-5

Die Deutsche Nationalbibliothek verzeichnet diese Publikation in der Deutschen Nationalbibliografie; detaillierte bibliografische Daten sind im Internet über http://dnb.d-nb.de abrufbar.

Springer VS
© Springer Fachmedien Wiesbaden GmbH, ein Teil von Springer Nature 2020
Das Werk einschließlich aller seiner Teile ist urheberrechtlich geschützt. Jede Verwertung, die nicht ausdrücklich vom Urheberrechtsgesetz zugelassen ist, bedarf der vorherigen Zustimmung des Verlags. Das gilt insbesondere für Vervielfältigungen, Bearbeitungen, Übersetzungen, Mikroverfilmungen und die Einspeicherung und Verarbeitung in elektronischen Systemen.
Die Wiedergabe von allgemein beschreibenden Bezeichnungen, Marken, Unternehmensnamen etc. in diesem Werk bedeutet nicht, dass diese frei durch jedermann benutzt werden dürfen. Die Berechtigung zur Benutzung unterliegt, auch ohne gesonderten Hinweis hierzu, den Regeln des Markenrechts. Die Rechte des jeweiligen Zeicheninhabers sind zu beachten.
Der Verlag, die Autoren und die Herausgeber gehen davon aus, dass die Angaben und Informationen in diesem Werk zum Zeitpunkt der Veröffentlichung vollständig und korrekt sind. Weder der Verlag, noch die Autoren oder die Herausgeber übernehmen, ausdrücklich oder implizit, Gewähr für den Inhalt des Werkes, etwaige Fehler oder Äußerungen. Der Verlag bleibt im Hinblick auf geografische Zuordnungen und Gebietsbezeichnungen in veröffentlichten Karten und Institutionsadressen neutral.

Springer VS ist ein Imprint der eingetragenen Gesellschaft Springer Fachmedien Wiesbaden GmbH und ist ein Teil von Springer Nature.
Die Anschrift der Gesellschaft ist: Abraham-Lincoln-Str. 46, 65189 Wiesbaden, Germany

Inhaltsverzeichnis

1	**Theoretische Grundlegungen von Diagnostik**	1
1.1	Relevanz von Diagnostik in Bildung und Erziehung	1
1.2	Psychologische Diagnostik	4
	1.2.1 Was ist psychologische Diagnostik?	5
	1.2.2 Diagnostische Strategien: Modifikation und Selektion....	7
	1.2.3 Diagnostischer Prozess	9
1.3	Pädagogische Diagnostik	11
	1.3.1 Was ist pädagogische Diagnostik?....................	12
	1.3.2 Diagnostische Strategien: Förder- und Platzierungsdiagnostik............................	15
	1.3.3 Diagnostischer Prozess	19
1.4	Soziale und kulturelle Rahmenbedingungen..................	23
	1.4.1 Diagnostik braucht Normen.........................	23
	1.4.2 Bewertungs- und Beurteilungsfehler..................	26
	1.4.3 Rechtliche und ethische Bestimmungen	31
1.5	Zusammenfassung.......................................	33
1.6	Weiterführende Literatur.................................	34
1.7	Fragen zur Vertiefung und Reflexion........................	34
	Literatur	35
2	**Lernverlaufsdiagnostik**	37
2.1	Theoretische Grundlagen	37
	2.1.1 Das Response-to-Intervention-Modell (RTI-Modell)	39
	2.1.2 Lernverlaufsdiagnostik und Förderdiagnostik...........	41
	2.1.3 Aufgabenkonstruktion	42
	2.1.4 Effekte auf Lernen und Unterricht....................	43

	2.2	Methoden	46
		2.2.1 Lesen	47
		2.2.2 Rechtschreiben	49
		2.2.3 Rechnen	49
		2.2.4 Verhalten	51
		2.2.5 Computergestützte Lernverlaufsdiagnostik	53
	2.3	Screeningverfahren	55
	2.4	Zusammenfassung	57
	2.5	Weiterführende Literatur	58
	2.6	Fragen zur Vertiefung und Reflexion	58
	Literatur		59
3	**Förderdiagnostik**		**63**
	3.1	Begriffsbestimmung	63
	3.2	Förderbedarf und Förderplan	64
	3.3	Merkmale der Förderdiagnostik	68
		3.3.1 Lernprozesse analysieren	68
		3.3.2 Kontext einbeziehen	70
		3.3.3 Diagnose und Förderung konsequent verknüpfen	72
		3.3.4 Vorgeordnete Theorien und Wertvorstellungen mitdenken	75
		3.3.5 Sich an Stärken und Schwächen orientieren	76
	3.4	Diagnostische Methoden	77
		3.4.1 Anamnese, Exploration und Interview	78
		3.4.2 Schulisches Standortgespräch	80
		3.4.3 Fehleranalysen	83
		3.4.4 Kompetenzinventare	89
		3.4.5 Verhaltensbeobachtung	92
		3.4.6 Psychologische Tests	97
	3.5	Zusammenfassung	98
	3.6	Weiterführende Literatur	99
	3.7	Fragen zur Vertiefung und Reflexion	100
	Literatur		100
4	**Fallbeispiel zur Förderdiagnostik**		**105**
	4.1	Problem und Fragestellung	105
	4.2	Exploration und Anamnese	106
	4.3	Hypothesen über den Bedingungshintergrund	107
	4.4	Prüfen der Hypothesen	109

4.5	Förderplanung und zweite Hypothesenbildung.	111
4.6	Förderung	112
	4.6.1 Leseförderung	112
	4.6.2 Förderung des lautgetreuen Schreibens.	113
	4.6.3 Elternarbeit	113
4.7	Evaluation der Fördermaßnahmen	114
4.8	Zusammenfassung.	115
4.9	Fragen zur Vertiefung und Reflexion.	116
	Literatur	116
5	**Aktueller Forschungsstand zur pädagogischen Diagnostik**	**117**
5.1	Weiterentwicklung der Lernverlaufsdiagnostik.	117
5.2	Förderdiagnostik und inklusive Bildung	120
5.3	Neue Diagnoseverfahren: Kompetenzraster	122
5.4	Fragen zur Vertiefung und Reflexion.	123
	Literatur	124

Theoretische Grundlegungen von Diagnostik

1

> **Zusammenfassung**
>
> Die pädagogische und die sonderpädagogische Diagnostik sind zwar eigenständig, was ihre Aufgaben, Handlungsfelder und Ziele angeht, basieren aber auf den theoretischen Grundlagen der psychologischen Diagnostik. Sie sind aus der psychologischen Diagnostik heraus entstanden und erhalten ständig weitere Impulse von dort. Manche Autoren tragen diesem Sachverhalt Rechnung, indem sie von der pädagogisch-psychologischen Diagnostik sprechen (Langfeldt und Tent, Pädagogisch-Psychologische Diagnostik. Bd. 2: Anwendungsbereiche und Praxisfelder, Hogrefe, Göttingen, 1999; Schuck, Handbuch der Sonderpädagogischen Psychologie, Hogrefe, Göttingen, 2000). Insofern scheint es lohnenswert, sich zunächst mit den theoretischen Grundlegungen der psychologischen Diagnostik zu beschäftigen, um dann umso klarer die Eigenheiten der pädagogischen bzw. sonderpädagogischen herauszuarbeiten. Diese Parallelität gilt auch für die sozialen und kulturellen Rahmenbedingungen, unter denen sich pädagogische Diagnostik vollzieht. Als Erstes wollen wir uns jedoch die Bedeutung diagnostischer Kompetenzen in Bildung und Erziehung vor Augen führen.

1.1 Relevanz von Diagnostik in Bildung und Erziehung

„Wir müssen das Kind verstehen, bevor wir es erziehen", schreibt der berühmte Schweizer Heilpädagoge Paul Moor (1965, S. 259) und formuliert damit einen Leitsatz für pädagogisches Handeln. Je genauer ein Pädagoge ein Kind und seine Lern- und Lebenswelt kennt, je vertrauter ihm die Stärken und Schwächen, die

Freuden, Ängste, Nöte und Sorgen dieses Kindes sind, umso besser kann er sich einfühlen, die Welt mit den Augen des Kindes sehen und aus diesem Verstehen heraus angemessene und hilfreiche pädagogische Maßnahmen wählen und einsetzen. Diagnostik ist nichts anderes als ein höchst professioneller Weg zu einem möglichst umfassenden und detailreichen Verstehen und somit eine unabdingbare Voraussetzung jeglichen pädagogischen Handelns.

Besonders bitter ist deshalb die Erkenntnis, dass deutsche Lehrkräfte gerade in Sachen Diagnostik nicht sehr gut sind. Eine Vielzahl von Studien belegt mittlerweile diese beschämende Tatsache. Nicht nur die Kompetenzen der Schüler/innen im Lesen, Rechtschreiben und Rechnen, sondern auch deren Arbeits- und Sozialverhalten schätzen viele deutsche Lehrkräfte falsch ein (Breitenbach 2014; Hoffmann und Böhme 2014; Koch und Hofmann 2015). Autor/innen internationaler Vergleichsstudien kommen zu dem Schluss, dass sich gute diagnostische Kompetenzen der Lehrkräfte vor allem dann positiv auf die Leistungen der Schüler/innen auswirken, wenn eine individuelle Förderung auf die differenzierte Diagnostik folgt. Befragt man deutsche Lehrkräfte unterschiedlichster Schularten nach der Effektivität gängiger Fördermethoden oder Interventionsmaßnahmen, so gelingt nur wenigen eine angemessene Einschätzung. Die meisten Interventionsmethoden werden in ihrer Wirksamkeit überbewertet. Ein vergleichbares Bild ergibt sich bei Studierenden und Referendar/innen aller Lehrämter bezüglich der Förderung lese-rechtschreibschwacher Kinder (Breitenbach 2014; Schmidt und Schabmann 2016; Stang und Urahne 2016). Der Mangel an diagnostischer Kompetenz ist auch insofern schmerzlich, als er sich auf andere pädagogisch bedeutsame Kompetenzen negativ auswirkt. Beispielsweise fanden Klug et al. (2012) einen signifikanten Zusammenhang zwischen diagnostischer und Beratungskompetenz, was spontan einleuchtet. Eine Lehrkraft, die durch gründliche Diagnostik viel über das Lernen und Verhalten eines Schülers weiß, kann ihn und seine Eltern bei Fragen zum Beispiel zur weiteren Schullaufbahn, zu häuslichen Konflikten rund um die Hausaufgaben oder bezüglich anstehender Berufsausbildung profund und ausführlich beraten. Präventive Maßnahmen oder rechtzeitige Förderung bei Lern- und Entwicklungsdefiziten sind zwangsläufig an die Diagnosekompetenz von Lehrkräften gekoppelt. Wer Lernrückstände nicht erkennt, kann diese auch nicht abbauen. Paradies et al. (2007) machen deswegen auch die zu gering ausgeprägten diagnostischen Kompetenzen der Lehrkräfte für das schwache Abschneiden von Schüler/innen in nationalen und internationalen Vergleichsarbeiten verantwortlich.

Manche Lehrkraft verzichtet ausdrücklich auf explizite Diagnostik mit dem Argument, sie lerne im ständigen Zusammensein mit ihren Schüler/innen im Unterricht diese zwangsläufig und fast automatisch immer besser kennen. Leider

1.1 Relevanz von Diagnostik in Bildung und Erziehung

scheint auch diese Annahme nicht zu stimmen, folgt man den Ergebnissen einer Studie von Oerke et al. (2016). Der erste Eindruck einer Lehrkraft von einem Schüler oder einer Schülerin erweist sich als sehr stabil und bestimmt die weitere Wahrnehmung und Bewertung. Aus der Einstellungs- und Vorurteilsforschung kennt man dieses Phänomen sehr gut. Darauf zu bauen, dass die diagnostischen Kompetenzen mit der Berufserfahrung schon wachsen werden, macht ebenfalls keinen Sinn, wie die Untersuchung von Praetorius et al. (2011) zeigt. Ihre Befunde stehen der Annahme des Experten-Novizen-Paradigmas eindeutig entgegen, wonach Lehrkräfte mit längerer Berufserfahrung zutreffendere Urteile fällen.

Verständlicherweise bedauern und kritisieren zahlreiche Autoren, dass angehende Lehrkräfte – Sonderpädagog/innen einmal ausgenommen – sowohl an den Universitäten als auch im Referendariat kaum mit dem Prozess des Diagnostizierens konfrontiert werden, wiewohl sie während des Unterrichtens permanent diagnostizieren, allerdings häufig, ohne sich dessen bewusst zu sein. Geringen diagnostischen Fähigkeiten steht eine umfangreiche Liste von schulischen Aufgaben gegenüber, die Lehrkräfte professionell nur mittels pädagogischer Diagnostik bewältigen können. Die einschlägige Fachliteratur verweist auf vielfältige diagnostische Anlässe in Schule und Unterricht. Anspruch und Wirklichkeit klaffen weit auseinander (Breitenbach 2014).

Die durch Inklusion zunehmende Heterogenität in den Klassen verschärft das oben beschriebene Dilemma dramatisch. Immer seltener sitzt der gut erzogene und gut begabte, durch den Kindergarten – was Arbeits- und Sozialverhalten angeht – auf die Schule wohl vorbereitete Erstklässler vor den Lehrkräften, der mit der angebotenen Einheitsmethode problemlos und freudig das Lesen und Schreiben lernt. Immer häufiger finden sich Kinder mit unterschiedlichsten sozialen und kulturellen Erfahrungen, mit den unterschiedlichsten familiären Hintergründen und mit unterschiedlichsten Lernfähigkeiten und Lernbereitschaften im Klassenzimmer ein. Einer solchen Vielfalt auch nur halbwegs gerecht werden kann nur derjenige, der diese Vielfältigkeit möglichst genau kennt, dem die individuellen Eigenheiten und Besonderheiten der einzelnen Kinder deutlich vor Augen stehen. Vorhandene Ressourcen können nur gerecht verteilt und effektiv eingesetzt werden, wenn Lern- und Förderbedarfe der einzelnen Kinder bekannt sind. Die Inklusionsdebatte ist insofern im Grunde immer eine Debatte um die Diagnostik.

Werden Kinder mit Beeinträchtigungen oder Behinderungen in die Regelschule inkludiert und wird damit ihre Etikettierung als Behinderte vermieden, verschwinden noch lange nicht ihre besonderen Förderbedürfnisse. Sie benötigen auch weiterhin Betreuer/innen mit sonderpädagogischem, behinderungsspezifischem Know-how. Vor diesem Hintergrund kommt man nicht umhin, pädagogische und sonderpädagogische Diagnostik zusammenzuführen.

Meyer und Jansen (2016a) beschreiben Schule als widerständiges System. Eingebettet in ein spezifisches Gesellschaftssystem werden an Schule und Unterricht eine Fülle gesellschaftlicher Anforderungen gestellt. Zunächst einmal soll Schule ihrem Erziehungs- und Bildungsauftrag nachkommen und die Heranwachsenden sozialisieren. Die Wirtschaft erhebt Forderungen nach besserem „Humankapital", Elternverbände und Wissenschaft wünschen sich eine inklusive Schule mit neurodidaktischem Unterricht. Schule soll sich eigenverantwortlich weiterentwickeln, Eliten bilden, aber natürlich auch Chancengleichheit garantieren; fachliche Kompetenzen vermitteln und selbstverständlich die Erziehung zu Eigenverantwortlichkeit, Selbstständigkeit, Toleranz und Respekt nicht vernachlässigen. Nicht zu vergessen die in einer Leistungsgesellschaft unverzichtbare Auslese- und Allokationsfunktion, die aber bitteschön so wahrgenommen wird, dass kein Kind zurückbleibt. Angesichts eines solchen Forderungskatalogs ist es nur allzu verständlich, dass sich die Institution Schule nach außen hin abzuschotten versucht. Lehrkräfte fühlen sich als „Mädchen für alles", als „Ausputzer prekärer häuslicher Erziehung, als Erziehungsgehilfen eines neoliberal getriebenen Bildungsbetriebs" (Meyer und Jansen 2016a, S. 27). Wen wundert es da, wenn Lehrkräfte der neuen Aufgabe Diagnostik skeptisch abwartend und zurückhaltend gegenüberstehen.

Dies sind alles hervorragende Gründe, um sich als Lehrkraft intensiv mit der Diagnostik auseinanderzusetzen, durchaus auch kritisch. Diese ernsthafte und fachkompetente Auseinandersetzung müsste bereits im Studium beginnen und im Referendariat sowie in der beruflichen Fort- und Weiterbildung ergänzt, vertieft und ständig aktualisiert werden. Nicht erst seit der Metastudie von Hattie (2009) wissen wir, dass die Qualität eines Bildungssystems in erster Linie durch die Qualität seiner Lehrkräfte bestimmt wird. Also: carpe diem, keine Zeit verlieren und sofort anfangen! Warum nicht mit dem Lesen dieses Buches?

1.2 Psychologische Diagnostik

Die psychologische Diagnostik zählt in der Psychologie zu den angewandten Teilbereichen, die im Gegensatz zu den Grundlagendisziplinen wie etwa die Entwicklungspsychologie oder die Sozialpsychologie sehr praxisbezogen auf ein Handlungsfeld ausgerichtet ist. Theoretisch gefasst wird sie mit Hilfe von drei Elementen:

1.2 Psychologische Diagnostik

- erstens werden ihre Aufgaben, Ziele und Methoden in einer Definition beschrieben,
- zweitens zeigen die zur Verfügung stehenden diagnostischen Strategien unterschiedliche Vorgehensweisen oder Arten der Diagnostik und
- drittens erläutern Ablaufmodelle den immer gleichen diagnostischen Prozess.

1.2.1 Was ist psychologische Diagnostik?

Psychologische Diagnostik wird nicht um ihrer selbst willen betrieben, sondern nimmt immer ihren Ausgang bei einer klar und spezifisch gefassten Fragestellung. Sie sammelt mit ihren spezifisch entwickelten Methoden systematisch und theoriegeleitet Informationen, die im Zusammenhang mit der Fragestellung für das Verständnis menschlichen Verhaltens und Erlebens bedeutsam sind. Sie bereitet die diagnostischen Daten so auf, dass auf ihrer Grundlage Entscheidungen getroffen oder Prognosen über zukünftige Entwicklungen aufgestellt und die angestrebten bzw. bewirkten Veränderungen evaluiert und möglicherweise optimiert werden können (Breitenbach 2014).

▶ Soweit Menschen die Merkmalsträger sind, besteht die Aufgabe der Psychodiagnostik darin, interindividuelle Unterschiede im Verhalten und Erleben sowie intra-individuelle Merkmale und Veränderungen einschließlich ihrer jeweils relevanten Bedingungen so zu erfassen, dass hinlänglich präzise Vorhersagen künftigen Verhaltens und Erlebens sowie deren eventuelle Veränderungen in definierten Situationen möglich werden (Amelang und Schmidt-Atzert 2006, S. 3).

Das diagnostische Dreieck, wie es in Abb. 1.1 zu sehen ist, konkretisiert und erläutert die einzelnen Bestandteile der Definition. Erfasst werden je nach Fragestellung Merkmals- und Fähigkeitsunterschiede zwischen Menschen (interindividuelle Unterschiede) sowie Merkmals- und Fähigkeitsunterschiede innerhalb eines einzelnen Menschen (intraindividuelle Unterschiede). Da jegliches Verhalten und Erleben in einem Kontext, in einem Lebenszusammenhang (relevante Bedingungen) auftritt und an diesen gebunden ist, muss dieser miterfasst werden.

Die spezifischen Fragestellungen entstehen in der Praxis der Anwendungsgebiete, beispielsweise in der Pädagogischen Psychologie: Liegt ein sonderpädagogischer Förderbedarf vor oder wie lässt sich die konfliktträchtige

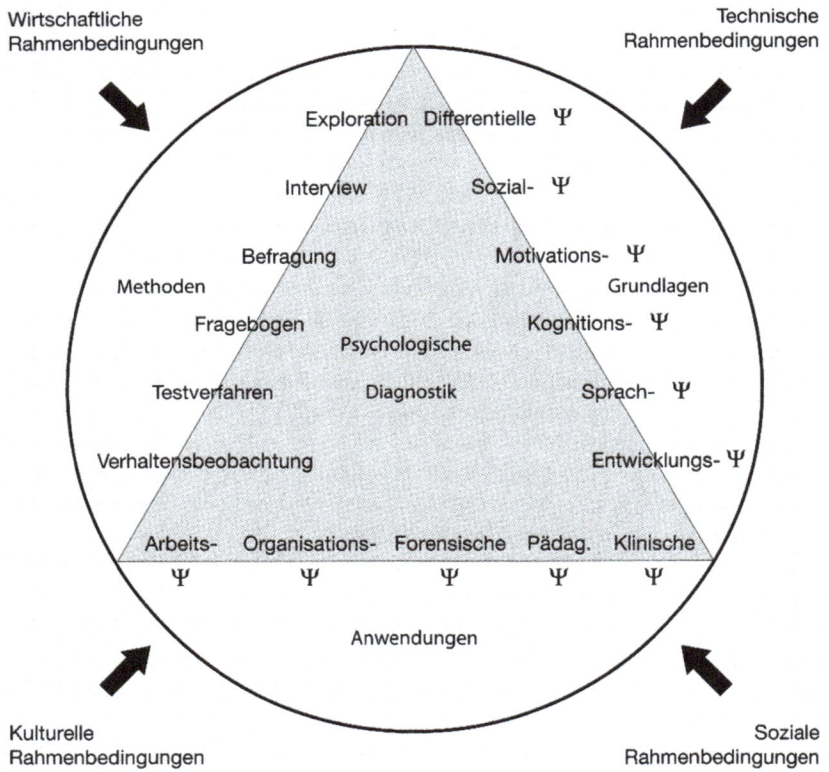

Abb. 1.1 Das diagnostische Dreieck von Hossiep und Wottawa (Amelang und Schmidt-Atzert 2006, S. 4)

Hausaufgabensituation erzieherisch besser bewältigen? Indem Petermann und Dasekin (2015) die psychologische Diagnostik aufgliedern in einzelne Diagnostiken (Entwicklungsdiagnostik, Klinisch-psychologische Diagnostik, Rechtspsychologische Diagnostik, Eignungsdiagnostik, Rehabilitationsdiagnostik usw.) machen sie nichts anderes, als die einzelnen Anwendungsbereiche mit ihren spezifischen Fragestellungen zu beschreiben.

Die theoriegeleitete Informationssuche und das Verstehen der vorliegenden Problematik wird möglich unter Rückgriff auf theoretische Grundlagen, die der psychologischen Diagnostik von den sogenannten Grundlagendisziplinen der Psychologie zur Verfügung gestellt werden. Die Erkenntnisse der Sprach- oder

1.2 Psychologische Diagnostik

Entwicklungspsychologie werden zum Beispiel herangezogen, um die Frage nach dem sonderpädagogischen Förderbedarf zu klären. Weiß man auf dieser Grundlage, nach welchen Informationen gesucht werden muss, wird eine geeignete Methode ausgewählt, welche die Informationssuche ermöglicht. Man greift beispielsweise nach einem Sprachentwicklungstest um herauszufinden, ob in diesem Bereich ernstzunehmende Entwicklungsrückstände vorliegen, anhand derer sich ein sonderpädagogischer Förderbedarf begründen ließe. Unter den zahlreichen diagnostischen Methoden wie Befragung, Exploration, Verhaltensbeobachtung nehmen vor allem die psychometrischen Verfahren oder psychologischen Tests bei den Psychologen eine prominente Stellung ein.

1.2.2 Diagnostische Strategien: Modifikation und Selektion

Persönlichkeitsmerkmale wie zum Beispiel Angst oder Intelligenz sind nicht unmittelbar beobachtbar und können somit auch nicht direkt erfasst oder gemessen werden. Wir müssen sie aus bestimmten Verhaltensweisen erschließen. Psycholog/innen sprechen deshalb von hypothetischen Konstrukten, die operationalisiert oder in konkretes Verhalten übertragen werden müssen.

Beispiel

In einem kollegialen Gespräch vertritt ein Lehrer die Meinung, dass ein in der Klasse neuer Schüler zwar einiges an Stoff aufzuholen habe, dies aber problemlos gelingen werde, da er den Neuen für ziemlich intelligent (hypothetisches Konstrukt „Intelligenz") halte. Als eine Kollegin ihn fragt, wie er darauf komme, berichtet er weiter: Der Junge erfasse neue Zusammenhänge sehr schnell, habe ein gutes Gedächtnis und könne sich sprachlich sehr gut ausdrücken (operationalisiertes Verhalten). Ein Lehrer erzählt von einer Schülerin, die sich eigenartig verhalte: Sie spreche immer extrem leise, nehme zu ihm und zu ihren Mitschülern und Mitschülerinnen keinen Blickkontakt auf, gebe – wenn sie von ihm aufgerufen werde – keine Antwort, obwohl er eigentlich davon ausgehe, dass sie die Antwort wisse (operationalisiertes Verhalten). Er vermute, dass sie Angst vor ihm oder der Schule habe (hypothetisches Konstrukt).

Von diesen hypothetischen Konstrukten oder Persönlichkeitsmerkmalen gibt es zwei Arten. Die einen beziehen sich auf relativ kurzfristige und leicht veränderbare Erlebens- und Verhaltensmuster, die anderen auf längerfristige und eher stabile. Die ersten nennt man Zustände oder States, letztere Traits. Diese Unterscheidung

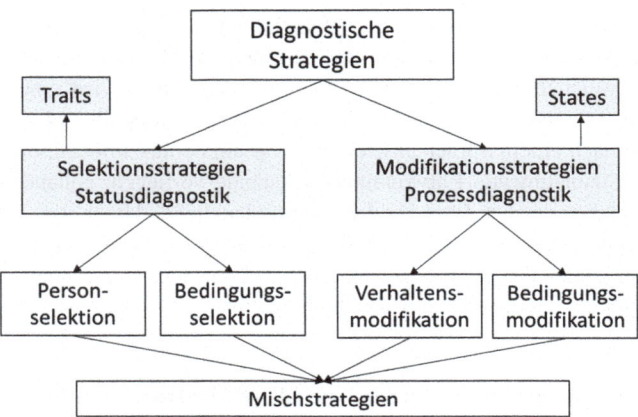

Abb. 1.2 Diagnostische Strategien. (Nach Rentzsch und Schütz 2009, S. 42)

führt, wie Abb. 1.2 zeigt, zu zwei unterschiedlichen diagnostischen Strategien: der Modifikations- und der Selektionsstrategie. Mit der Modifikationsstrategie sollen Verhaltensänderungen oder zu verändernde Verhaltensweisen erfasst werden. Sie bezieht sich deshalb auf die Zustände oder States und versucht einen Veränderungsprozess abzubilden. Man spricht deshalb auch von Prozessdiagnostik. Die Verhaltensmodifikation und die Bedingungsmodifikation sind zwei Spielformen dieser Strategie. Im Rahmen einer Verhaltensmodifikation werden spezifische Verhaltensweisen einer Person ermittelt, deren Veränderung zum Beispiel eine konflikthafte Situation befriedet. Die Bedingungsmodifikation dagegen sucht nach äußeren Bedingungen, deren Veränderung ebenfalls ein Problemverhalten reduziert. Eine Lehrkraft überlegt, ob sie über die Veränderung der Sitzordnung das Störverhalten einiger Schüler verringern könnte.

Die Selektionsstrategie wird eingesetzt, um, vom aktuellen Stand ausgehend, weit in die Zukunft reichende Entscheidungen und Prognosen zu treffen. Sie bezieht sich deshalb auf den aktuellen Status der stabileren Traits und wird auch als Statusdiagnostik bezeichnet. Die Selektionsstrategie kann entweder in Form einer Person- oder Bedingungsselektion stattfinden. Die Personselektion ermittelt geeignete Personen anhand eines Anforderungskatalogs, zum Beispiel geeignete Schüler/innen oder Studierende für eine bestimmte Schulart oder ein Studienfach. Im Rahmen der Bedingungsselektion werden geeignete Bedingungen bestimmt, unter denen eine Person mit ihren individuellen Eigenschaften erfolgreich sein

1.2 Psychologische Diagnostik

kann. Nach einer Berufseignungsuntersuchung spricht der Diagnostiker oder die Diagnostikerin eine Ausbildungs- oder Berufsempfehlung aus. Wählt man in der Praxis eine Mischstrategie, werden Selektions- und Modifikationsstrategie miteinander kombiniert. Am häufigsten wird zunächst eine Statusdiagnostik durchgeführt und auf der Grundlage des hierbei Gefundenen mit der Modifikationsstrategie weiteruntersucht. Im Rahmen einer Statusdiagnostik wird zum Beispiel eine noch nicht vorhandene Schulfähigkeit festgestellt und mit der sich anschließenden Modifikationsstrategie sucht man nach Möglichkeiten, die fehlende Schulfähigkeit zu entwickeln (Breitenbach 2014).

1.2.3 Diagnostischer Prozess

Der diagnostische Prozess lässt sich, wie Abb. 1.3 zeigt, grob in sechs Schritten oder Phasen beschreiben. Ausgangspunkt jeglicher Diagnostik ist, wie bereits festgestellt, eine von einem Auftraggeber an den Diagnostiker herangetragene Frage- oder Problemstellung („Wir kommen mit unserer Tochter einfach nicht mehr zurecht. Über jede Kleinigkeit gibt es lange Diskussionen und Streit. Woran liegt das? Was machen wir falsch?"). In der Regel sind die von Nichtfachleuten formulierten Fragen so, wie sie gestellt werden, nicht mit diagnostischen Methoden beantwortbar. Der Diagnostiker oder die Diagnostikerin muss die oft recht breit angelegten Fragen in eine Fachsprache übertragen und die damit verbundene Problematik eingrenzen, präzisieren oder ausdifferenzieren. Hierauf sollte man sehr viel Zeit und Mühe verwenden, denn die Fragestellung steuert den gesamten weiteren diagnostischen Prozess. Nicht selten stellt sich in dieser ersten Prozessphase heraus, dass vom Auftraggeber aus den unterschiedlichsten Gründen eine Frage quasi vorgeschoben wird und sich dahinter ein zweites ganz anderes Anliegen verbirgt.

> **Beispiel**
> Eine Grundschullehrerin bittet beispielsweise die Schulpsychologin Mitte des zweiten Schuljahres um Hilfe: Eines ihrer Kinder lese immer noch sehr stockend und mit vielen Fehlern und sie wisse nicht, wie sie dieses Kind weiter fördern könne. Die Schulpsychologin untersucht das Kind ausführlich nach allen Regeln der Kunst. Sie produziert eine Reihe von Förderideen und schlägt diverse Fördermaßnahmen vor. Alle Vorschläge werden von der Grundschullehrerin abgetan mit Bemerkungen wie: „Das habe ich bereits ohne Erfolg ausprobiert" oder „Diese Möglichkeit habe ich nicht, das kann ich in meiner Klasse nicht

machen". Spätestens jetzt müsste die Schulpsychologin merken, dass sie der falschen Frage nachgegangen ist und die richtige vielleicht lautet: „Sie können mir doch sicher bestätigen, dass dieses Kind in eine andere Lerngruppe, Klasse oder gar Einrichtung muss. Ich habe doch alles mir Mögliche getan, oder?" Zur Beantwortung dieser Frage müsste die Schulpsychologin komplett die diagnostische Strategie wechseln, da es nun nicht mehr um Veränderungen beim Lehren und Lernen geht, sondern um Selektion.

Ist die Fragestellung fachlich präzise gefasst, entwickeln Diagnostizierende aufgrund ihres Fachwissens aus den Grundlagendisziplinen heraus Hypothesen über

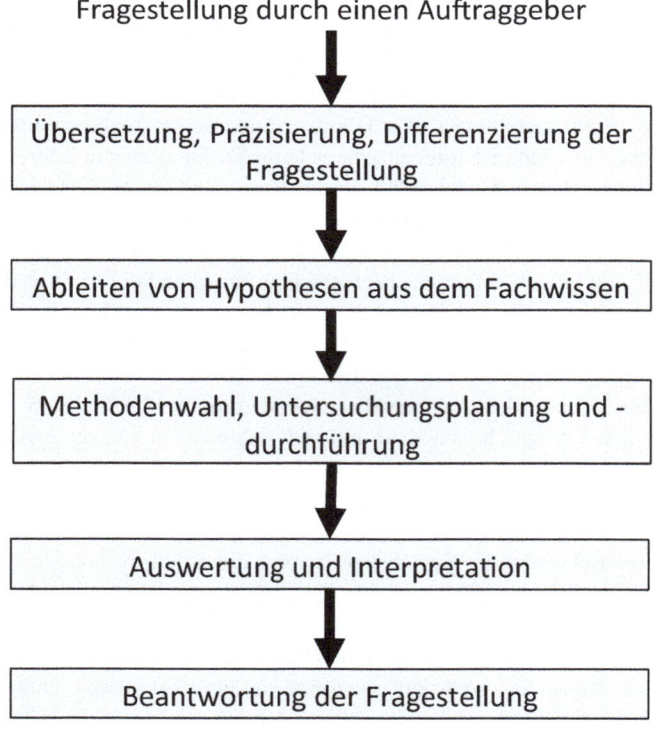

Abb. 1.3 Ablauf des diagnostischen Prozesses. (Nach Rentzsch und Schütz 2009, S. 36)

Bedingungen, durch die das Problemverhalten möglicherweise entstanden sein könnte oder die es aufrechterhalten. Oder sie überlegen, welche Verhaltensaspekte zur Beantwortung der Frage überprüft werden müssten. Wenn es um Schulfähigkeit geht, denken diagnostizierende Schulpsychologen zum Beispiel sofort an die bekannten Vorläuferfertigkeiten des Lesens, Schreibens und Rechnens.

Im nächsten Schritt wird die Untersuchung konkret geplant und durchgeführt. Geeignete diagnostische Instrumente werden ausgewählt und Überlegungen angestellt, wie die Situation zu gestalten ist, sodass die Untersuchung möglichst ungestört und entspannt durchgeführt werden kann.

Ist die Untersuchung abgeschlossen, werden die erhobenen Daten ausgewertet und interpretiert. Der Intelligenzquotient wird beispielsweise berechnet und als altersgemäß oder über- bzw. unterdurchschnittlich bewertet. Aus den vorliegenden Beobachtungsdaten kann zum Beispiel herausgelesen werden, dass ein Junge in der Freiarbeit nur wenige Minuten wirklich mit dem Material vorschriftsmäßig arbeitet, ansonsten im Klassenzimmer herumschaut oder mit dem Material spielt. Er kann die Freiarbeitszeit offensichtlich noch nicht in ausreichendem Maße zum selbstständigen Lernen nutzen.

Im letzten Schritt werden die vorliegenden Einzelbefunde zusammengeschaut und es wird versucht, auf dieser Basis die zu Beginn gestellte Frage zu beantworten. Gelingt dies zufriedenstellend, ist der diagnostische Prozess beendet, wenn nicht, müssen einzelne Schritte oder der ganze Prozess noch einmal von Neuem durchlaufen werden. Nicht zu vergessen ist, dass Diagnostiker nun ihre wissenschaftliche Antwort wieder zurückübersetzen müssen in die Sprache des Auftraggebers. Die Antwort muss so gegeben werden, dass der Auftraggeber die Schlussfolgerungen aus den Untersuchungsergebnissen nachvollziehen und verstehen kann.

1.3 Pädagogische Diagnostik

Aus der Perspektive der psychologischen Diagnostik ist die pädagogische Diagnostik lediglich eines ihrer vielen Handlungsfelder (Petermann und Daseking 2015). Allerdings hat sich die pädagogische Diagnostik an entscheidenden Stellen als eigenständig erwiesen. Entsprechend den spezifischen Anwendungsbereichen und Fragestellungen wurden spezifische diagnostische Methoden entwickelt und die pädagogische Diagnostik verfügt selbstverständlich über ein breites Spektrum theoretischer Grundlagen. Die noch vorhandene enge Bindung an die psychologische Diagnostik, aber auch das deutliche Absetzen von ihr lässt sich aufzeigen, indem man entsprechend der psychologischen Diagnostik auch hier analysiert, wie sie definiert wird, welche Strategien beim Diagnostizieren benutzt werden und wie der diagnostische Prozess abläuft. Mit Hinblick auf ein inklusives Bildungssystem erscheint es angezeigt und erforderlich, dabei auch Besonderheiten und Ergänzungen der sonderpädagogischen Diagnostik zu berücksichtigen.

1.3.1 Was ist pädagogische Diagnostik?

Auf den ersten Blick stellt das Definieren der pädagogischen oder pädagogisch-psychologischen Diagnostik keine große Herausforderung dar und eine einschlägige, allgemein akzeptierte Definition, die ihre Aufgaben und Ziele eindeutig benennt, ist bei einem renommierten Fachvertreter schnell gefunden.

▶ Pädagogische Diagnostik umfasst alle Tätigkeiten, durch die bei Individuen (und den in einer Gruppe Lernenden) Voraussetzungen und Bedingungen planmäßiger Lehr- und Lernprozesse ermittelt, Lernprozesse analysiert und Lernergebnisse festgestellt werden, um individuelles Lernen zu optimieren. Zur pädagogischen Diagnostik gehören ferner die diagnostischen Tätigkeiten, die die Zuweisung zu Lerngruppen oder zu individuellen Förderprogrammen ermöglichen, sowie die mehr gesellschaftlich verankerten Aufgaben der Steuerung des Bildungsnachwuchses (Berechtigungen für weiterer Bildungswege und Berufsausbildung) (Ingenkamp und Lissmann 2008).

Neben einer solchen allgemein gehaltenen Definition stößt man bei genauerer Betrachtung der einschlägigen Fachliteratur allerdings auch auf eine stattliche Anzahl von mehr oder weniger präzise definierten Diagnostiken, die zweifellos alle dem Bereich des Pädagogischen zuzuordnen sind. Durch eine verwirrende Begriffsvielfalt entsteht der Eindruck, als gäbe es zahlreiche Unter- oder Spielformen pädagogischer Diagnostik. Da ist von schulischer, inklusiver, formativer, summativer, didaktischer Diagnostik die Rede, von Frühdiagnostik, Lernverlaufsdiagnostik, Schullaufbahndiagnostik, Berufseignungsdiagnostik, Einschulungsdiagnostik und Förderdiagnostik. Einige dieser Definitionen bezeichnen zunächst einmal – wie in der psychologischen Diagnostik – lediglich das pädagogische Handlungsfeld, in dem die Diagnostik zum Einsatz kommt. Bei der schulischen Diagnostik ist dies Schule und Unterricht, die Frühdiagnostik bezieht sich auf Frühförderung, die Berufseignungsdiagnostik unterstützt die Berufswahl und die inklusive Diagnostik findet im inklusiven Unterricht, in heterogenen Gruppen

1.3 Pädagogische Diagnostik

ihre Anwendung. Darüber hinaus verweisen manche Definitionen aber auch noch auf bestimmte didaktische oder pädagogische Theorien, die nach Meinung ihrer Verfasser sich in besonderer Weise zur Beantwortung der Frage- und Problemstellung eignen. Mit Abstand betrachtet sind sie jedoch dazu nicht zwingend notwendig. Der Diagnostizierende könnte aus dem Bereich der Grundlagen auch alternative Modell und Ansätze heranziehen. So charakterisieren Meyer und Jansen (2016b) die schulische Diagnostik als Schritte in einem Lernprozess, in denen Lehrende und Lernende in einem Dialog gemeinsam nach Lernhemmnissen und Veränderungswünschen suchen, um am Ende erfolgreich zu lernen. Die didaktisch-inklusive Diagnostik ist für Prengel (2016) ein dreischrittiger Erkenntnisprozess der Beteiligten, der die Beschreibung des aktuellen Lernstands genauso beinhaltet wie das nächste Lernziel im Horizont eines umfassenderen Ziels sowie die Wege und Mittel, die zum nächsten Ziel führen. Hinweise auf einzelne diagnostische Methoden finden sich in diesen Definitionen eher selten.

Meyer und Jansen (2016b) unterscheiden bei der schulischen Diagnostik nach expliziter und impliziter Diagnostik. Das implizite Diagnostizieren einer Lehrkraft geschieht spontan, unbewusst, beiläufig, in Form einer Alltagsdiagnostik, während das explizite eine professionelle Diagnostik darstellt, auf der Basis begründeter Theorien, unter kontrollierten Bedingungen und an Gütekriterien orientiert. Auch Breitenbach (2007) macht unter Rückgriff auf die Theorie der Lernhemmungen von Loch (1982) darauf aufmerksam, dass eine Reihe von Lernhemmungen ohne großes Aufsehen durch schnelle und kurze Hilfestellungen von kompetenteren Personen – das können neben der Lehrkraft auch andere Schüler sein – überwunden werden. Erst langandauernde und tief greifende Lernhemmungen, die sich nicht mehr beiläufig beheben lassen, bedürfen als ernsthafte Lernbeeinträchtigungen der professionellen Diagnostik.

Übergreifend und unter Kenntnisnahme der zahlreichen „Spielformen" pädagogischer Diagnostik lässt sich, wie in Abb. 1.4 zu sehen, in Anlehnung an die psychologische Diagnostik ein diagnostisches Dreieck der Pädagogik bzw. Sonderpädagogik im Spannungsfeld von Anwendungen, Grundlagen und Methoden konstruieren, das die Differenzen zur psychologische Diagnostik deutlich hervortreten lässt.

Die Anwendungen oder Fragestellungen ergeben sich aus den pädagogischen bzw. sonderpädagogischen Handlungsfeldern wie Frühförderung, Kindergarten, Vorschule, Schule, Berufsausbildung, Arbeit, Wohnen, Freizeit, Erwachsenenbildung, Fort- und Weiterbildung. Im Rahmen schulischer Bildung führen Hesse und Latzko (2017) eine Reihe von Anlässen für explizite Diagnostik durch Lehrkräfte an: Feststellen der Lernvoraussetzungen, Leistungsüberprüfung, Lernschwierigkeiten einzelner Schüler und Analyse des eigenen Unterrichts sind nur einige davon.

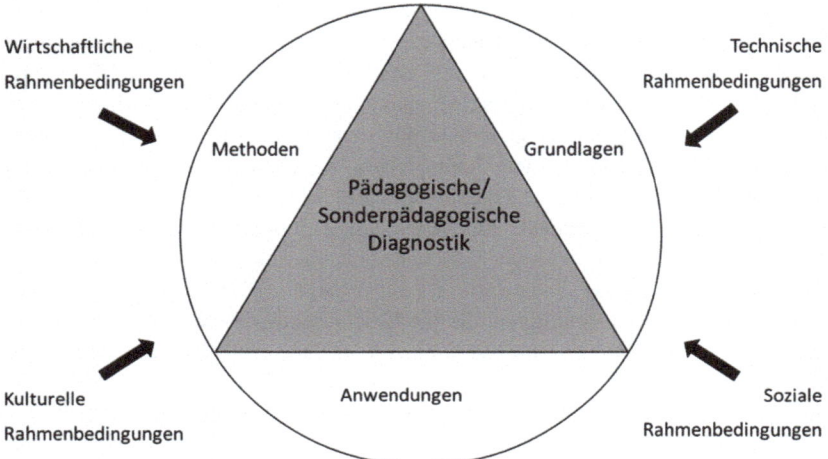

Abb. 1.4 Das Dreieck der pädagogischen/sonderpädagogischen Diagnostik in Anlehnung an das diagnostische Dreieck nach Hossiep und Wottawa. (Nach Breitenbach 2014, S. 44)

Bei den Grundlagen wären zuallererst Allgemeine Pädagogik und Didaktik, Fachdidaktiken und Fachwissenschaften sowie die Grundschulpädagogik und die Didaktik des Erstunterrichts zu nennen. Darüber hinaus betrachtet Kretschmann (2004) bei seinen Überlegungen zur Diagnostikausbildung für alle Lehrkräfte die Pädagogische Psychologie und die Entwicklungspsychologie als unabdingbare Grundlagen. Modelle sowohl der regulären als auch der irregulären Entwicklung in bedeutsamen Bereichen wie zum Beispiel Denken, Sprache und Sozialverhalten zählen hier, seiner Meinung nach, ebenfalls dazu wie Theorien und Modelle des Lernens, der Lern- und Leistungsmotivation, alterstypische Schritte, Etappen und Bandbreiten des Kompetenzzuwachses in einem Fach oder Klippen und häufig vorkommende Probleme in Aneignungsprozessen. Mit der Sonderpädagogik kommen ergänzend, so Breitenbach (2014), auch noch die einzelnen sonderpädagogischen Fachrichtungen und die sogenannten Nachbar- oder Hilfsdisziplinen, nämlich bestimmte Teilgebiete der Psychologie, Soziologie und Medizin, hinzu.

Die in der pädagogischen und sonderpädagogischen Diagnostik eingesetzten Methoden entsprechen denen der psychologischen Diagnostik, werden aber ergänzt durch die vielfältigen Methoden der Leistungsmessung, das curriculumbasierte Messen zur Kontrolle von Lernverläufen, durch informelle Verfahren

1.3 Pädagogische Diagnostik

wie didaktische Analyse, Fehleranalyse, Kompetenzinventare und systematische Aufgabenvariation oder spezifisch für bestimmte sonderpädagogische Problemstellungen entwickelte Diagnoseinstrumente wie das schulische Standortgespräch und die Konsulentenarbeit (Breitenbach 2014).

Es ist kaum vorstellbar, dass eine einzelne Lehrkraft diese Fülle von Wissen und Kompetenzen vereinen kann, um allen ihren Schülern mit extrem unterschiedlichen Lernausgangslagen im inklusiven Unterricht gerecht zu werden. Nur ein Team aus spezialisierten Fachleuten, wie es zum Beispiel im schulischen Standortgespräch zusammentritt, kann die individuellen Förderbedarfe aller Kinder in ausreichendem Maße berücksichtigen.

1.3.2 Diagnostische Strategien: Förder- und Platzierungsdiagnostik

Ingenkamp und Lissmann (2008) beschreiben in ihrer Definition die beiden großen Aufgabenbereiche der pädagogischen Diagnostik, nämlich die Analyse von Lernprozessen und das Zuweisen zu Lerngruppen und unterschiedlichen Bildungswegen. Wie in der psychologischen Diagnostik werden auch hier die prozessorientierte Veränderungsdiagnostik und die statusorientierte Selektionsdiagnostik als grundlegende diagnostische Strategien angesprochen.

Diese beiden Strategien tauchen in der neueren Fachliteratur (Maier 2014; Diehl und Hartke 2011) als formative und summative Diagnostik auf, zwei Begriffe, die der Evaluationsforschung entstammen. Charakteristisch für eine formative Evaluation sind laufende Überprüfungen des Veränderungsprozesses, die wiederum auf die Gestaltung des Prozesses zurückwirken. Die summative Evaluation dagegen bewertet das Ergebnis des Veränderungsprozesses. Übertragen auf die pädagogische Diagnostik liegt eine summative Diagnostik dann vor, wenn die diagnostischen Informationen zur abschließenden Bewertung eines Lehr-Lern-Prozesses herangezogen werden, und eine formative Diagnostik dann, wenn die diagnostischen Informationen zur Optimierung des Lehr-Lern-Prozesses verwendet werden. Summative Diagnostik ermittelt zum Beispiel bei Schüler/innen vorhandenes Wissen und beurteilt deren Leistungen möglichst fair und präzise. Sie kommt am Ende eines Lernprozesses zum Tragen, unterstützt die Notengebung sowie Selektions- und Platzierungsentscheidungen. Die formative Diagnostik hingegen wird parallel zum Lernprozess durchgeführt, ist die Grundlage für Rückmeldungen an den Schüler über seinen Lernerfolg und führt zu spezifischen Fördermaßnahmen und zur Verbesserung von Unterricht.

Tab. 1.1 Unterscheidung von Förder- und Platzierungsdiagnostik. (Nach Breitenbach 2007, 2014; Strasser 2004)

Förderdiagnostik	Platzierungsdiagnostik
Prozess, Analyse	Entweder/Oder-Entscheidung, Bewertung
Entscheidungssicherheit durch Lernerfolg, Erreichen des Lernziels	Entscheidungssicherheit durch Vergleich mit Anforderungsprofil und Altersnormen
Kurze Zeitperspektive – nächste Lernschritte	Lange Zeitperspektive – Schullaufbahn, Beruf
Qualitative Auswertung psychometrischer Verfahren, Fehleranalysen, informelle Verfahren, systematische und unsystematische Verhaltensbeobachtung	Quantitative Auswertung psychometrischer Verfahren, systematische Verhaltensbeobachtung

Die Analyse der sonderpädagogischen Fachliteratur der letzten 15 Jahre macht deutlich, dass die Mehrzahl der Autoren übereinstimmend zwei diagnostische Strategien benennen: die Selektionsstrategie in der Selektions- und Platzierungsdiagnostik und die Modifikationsstrategie in der Förderdiagnostik (Breitenbach 2014). Eine inhaltliche Abgrenzung der Förder- von der Platzierungsdiagnostik in Tab. 1.1 schärft noch einmal die Unterschiede zwischen diesen beiden zentralen diagnostischen Strategien.

Zuweisung oder Platzierung findet oft als einmaliger Akt in kritischen Übergangssituationen statt und fordert eine Entweder/Oder-Entscheidung zu einem bestimmten Zeitpunkt. Die diagnostische Fragestellung lautet hier: Entspricht der aktuelle Entwicklungs- und Lernstand eines Kindes oder Jugendlichen den nicht zur Disposition stehenden Anforderungen einer Einrichtung, Schulform oder eines Ausbildungsganges? Diese Passung von Anforderungsprofil und Entwicklungsstand ist zum Zeitpunkt der Diagnostik entweder gegeben oder eben nicht. Fließende Übergänge oder Zwischenformen müssen in einem dichotomen Entscheidungssystem (ja/nein, vorhanden/nicht vorhanden, passt/passt nicht) über bestimmte Klassifizierungen digitalisiert werden. Kontinuierliche Prozesse mit stetigen Veränderungen werden hierdurch zu diskreten, sprunghaften.

Förderdiagnostik dagegen findet täglich, wöchentlich oder monatlich statt und sieht sich der Aufgabe gegenüber, Fähigkeiten und Fertigkeiten eines Kindes oder Jugendlichen über einen längeren Zeitraum hinweg in seiner spezifischen Lern- und Lebenssituation zu untersuchen. Der Lernprozess, ausgerichtet an einem gesetzten Lernziel und ausgehend von einer Lernausgangslage, steht hier im Mittelpunkt der diagnostischen Bemühungen. Förderdiagnostik analysiert und

1.3 Pädagogische Diagnostik

beschreibt einen Lern- und Entwicklungsprozess, um Ursachen und Bedingungen für die vorliegende Lernhemmung aufzudecken und Veränderungsmöglichkeiten für ihre Überwindung zu identifizieren. Dies geschieht unter Bezugnahme auf entsprechende Lern-, Entwicklungs- oder Erwerbsmodelle. Nicht ontologische Eigenschaften werden geprüft, sondern Zustände und Kommunikationssysteme analysiert.

Platzierungsdiagnostik ist gezwungen, die Leistungsfähigkeit eines Kindes oder Jugendlichen anhand des Anforderungsprofils der zur Auswahl stehenden Einrichtung, Schule oder Berufsausbildung zu bewerten. Bewertungsgrundlagen sind in Lernzielen formulierte Lernstände, kategoriale Normen oder aus Vergleichsgruppen oder Eichpopulationen gewonnene statistische Normen. Derartige Bewertungen werden zum Beispiel bei der Analyse schulischer Leistungen im Rahmen einer Förderdiagnostik nicht vorgenommen, da die Frage, inwieweit die Leistungen altersgemäß sind oder Lernzielanforderungen entsprechen, für die Gestaltung eines neuen Lehrangebotes nicht notwendig und hilfreich ist. Förderdiagnostik ist personorientiert, Platzierungsdiagnostik institutionsorientiert.

Endscheidungssicherheit ergibt sich im förderdiagnostischen Prozess ausschließlich aus dem Erfolg oder Misserfolg der Fördermaßnahmen oder des neuen Lehrangebots. Das Überwinden der Lernhemmung und das Erreichen des Lernziels belegen letztendlich, dass die Entscheidungen bezüglich Fragestellung, Hypothesen, diagnostischer Methoden und Fördermaßnahmen richtig waren. Gewissheit darüber, ob eine Platzierungsentscheidung richtig oder falsch ist, ergibt sich nur über den Vergleich des Leistungs- und Entwicklungsstands mit den zur Verfügung stehenden Normen. Solche Normen ergeben sich aus dem Anforderungsprofil der zu Auswahl stehenden Einrichtungen oder durch den Rückgriff auf statistische Normen, wie sie in psychometrischen Verfahren verfügbar sind.

Förder- und Platzierungsdiagnostik unterscheiden sich auch durch die zeitliche Perspektive. Bei der Beantwortung der Platzierungsfrage blickt der Diagnostiker zum Beispiel auf die künftige Schullaufbahn oder das Berufsleben und damit weiter in die Zukunft als bei der Förderdiagnostik, wo er nur den nächsten Lern- und Entwicklungsschritt am nächsten Tag oder in der nächsten Woche im Auge hat. Platzierungsdiagnostik weiß deshalb oft nicht oder nur recht vage, was für einen Effekt und Bedeutungsgehalt die initiierte Entscheidung für den Betroffenen ganz konkret vor Ort oder gar in der Zukunft hat. Jede weit in die Zukunft reichende Prognose steht diesbezüglich zwangsläufig auf schwachen Beinen.

Aus all dem ergibt sich der Einsatz unterschiedlicher Mittel oder diagnostischer Verfahren in der Platzierungs- oder Förderdiagnostik. Im Zentrum der Platzierungsdiagnostik stehen standardisierte und metrische Messinstrumente, die quantitative Auswertung psychometrischer Verfahren. Greifen Diagnostiker auf Beobachtungsdaten zurück, so ist auch darauf zu achten, dass es sich hierbei nicht um rein subjektive Einschätzungen handelt, die von verschiedensten Faktoren unkontrolliert beeinflusst werden, sondern dass man sich bei der Beantwortung der Platzierungsfrage ausschließlich auf nachvollziehbare, systematisch erhobene Beobachtungen bezieht. Im Rahmen einer Förderdiagnostik werden hingegen psychometrische Verfahren qualitativ ausgewertet und schulische Leistungen mit Hilfe von Fehler- und Prozessanalysen untersucht. Neben einer systematischen Beobachtung können auch reflektierte, unsystematisch gesammelte Beobachtungsdaten verwendet werden. (Breitenbach 2014; Strasser 2004).

Bezugnehmend auf die beiden zentralen diagnostischen Strategien lässt sich auch, wie in Abb. 1.5 zu sehen ist, die irritierende Vielfalt der in der diagnostischen Fachliteratur verwendeten Bezeichnungen für diagnostisches Handeln

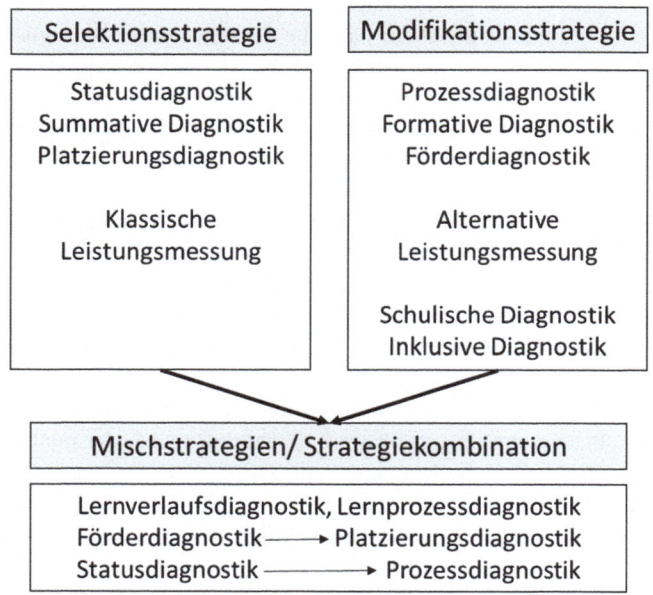

Abb. 1.5 Diagnostische Strategien in der pädagogischen Diagnostik

ordnen und reduzieren. Einerseits kann man die Statusdiagnostik, die summative Diagnostik, die Platzierungs- und Selektionsdiagnostik und die klassische Leistungsmessung der Selektionsstrategie zuordnen und andererseits die Prozessdiagnostik, die formative Diagnostik, die Förderdiagnostik und alternative Formen der Leistungsmessung, aber auch die schulische und inklusive Diagnostik, so wie sie definiert werden, der Modifikationsstrategie.

Selbstverständlich gibt es auch in der pädagogischen Diagnostik Mischstrategien und eine Kombination beider Strategien. Hier wäre an erster Stelle die Lernverlaufs- oder Lernprozessdiagnostik anzuführen. Sie ist genau genommen nichts anderes als eine mehrfach wiederholte Lernstandserhebung oder Statusdiagnostik, die aber durch die Zusammenschau der einzelnen Lernstände Auskunft über den Verlauf des Lernprozesses gibt. Für Klauer (2014) ist gut begründet, dass allein regelmäßige Leistungsmessungen mit entsprechenden Rückmeldungen an Lehrer und Schüler die Leistungen der Schüler deutlich verbessern.

Eine Lernverlaufsdiagnostik kann auch in eine Förderdiagnostik einmünden. Mittels Lernprozessdiagnostik wird beispielsweise festgestellt, dass ein Schüler nicht in dem Maße das Lesen oder Schreiben lernt wie seine Mitschüler. Woran das liegen könnte, erfährt die Lehrkraft nur, wenn sie die diagnostische Strategie hin zur Förderdiagnostik wechselt und nach notwendigen und möglichen Veränderungen im Lehr-Lern-Prozess sucht.

Die gleiche Kombination von Status- und Prozessdiagnostik wird vollzogen, wenn eine Person zunächst nach durchgeführter Statusdiagnostik in eine Einrichtung eingewiesen wird und die dortigen Betreuer dann ihr pädagogisches Handeln mit Prozessdiagnostik begleiten und optimieren. Eine Kombination in umgekehrter Reihenfolge ist jedoch ebenfalls denkbar. Nachdem eine prozessdiagnostisch begleitete Förderung über längere Zeit durchgeführt wurde und sich nur noch sehr kleine Fördererfolge einstellen, kann die Frage nach dem Wechsel der Fördergruppe oder der Fördereinrichtung relevant werden. Diese Entscheidung wäre dann mit Hilfe von Platzierungs- und Selektionsdiagnostik zu treffen.

1.3.3 Diagnostischer Prozess

Der beiläufig zufällige diagnostische Lehrerblick der impliziten Diagnostik wandert immer über die Schüler, ohne einem Plan zu folgen. Ebenso orientiert sich die regelmäßig durchgeführte Lernverlaufsdiagnostik eher am unterrichtlichen Geschehen und Vorgehen, denn an der Beschreibung eines Prozessverlaufs. Die das Lernen der Schüler/innen aufmerksam begleitende und überwachende, eher beiläufige Diagnostik kommt ohne diagnostisches Prozessmodell aus. Trägt ein Auftraggeber Fragen und Problemstellungen an eine pädagogische Fachkraft heran, geht diese bei der Beantwortung genauso vor, wie es im diagnostischen Prozess der psychologischen Diagnostik beschrieben wird.

Eine originär pädagogisch-professionelle oder explizite Diagnostik ist dagegen die Förderdiagnostik, deren Vorgehen in einer Art Regelkreismodell gefasst werden kann. Mit ihrer Hilfe sucht zum Beispiel die Lehrkraft tagtäglich bei ihren Schüler/innen nach Fördernotwendigkeiten und Fördermöglichkeiten. Insofern lohnt es sich, den Prozess der Förderdiagnostik etwas gründlicher zu durchdenken, wiewohl er in seinen Grundzügen auch dem der psychologischen Diagnostik entspricht.

Breitenbach (2007, 2014) beschreibt den in Abb. 1.6 zu sehenden förderdiagnostischen Prozess als ein hypothesenprüfendes Verfahren; hypothesenprüfend, weil wir in der Förderdiagnostik streng genommen nicht die Kinder prüfen, sondern unsere Annahmen über sie.

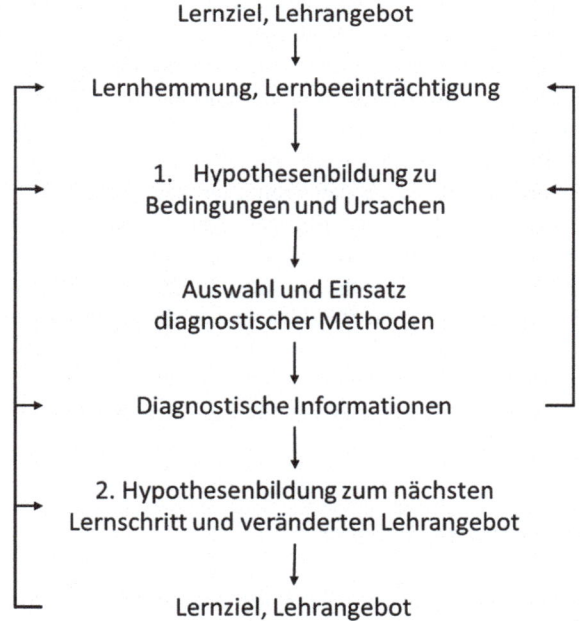

Abb. 1.6 Schematische Darstellung des förderdiagnostischen Prozesses. (Nach Breitenbach 2007, 2014)

1.3 Pädagogische Diagnostik

Aus ihrem didaktischen Wissen heraus unterbreiten Lehrende ihren Lernenden ein Lehrangebot, um ein bestimmtes Lernziel zu erreichen. Sie setzten zum Beispiel im Erstunterricht eine Lehrmethode ein, von der sie überzeugt sind, dass damit die allermeisten Erstklässler das Lesen, Schreiben und Rechnen lernen.

An verschiedenen Stellen des Lehr-Lern-Prozesses können jedoch bei einzelnen Schüler/innen aus den unterschiedlichsten Gründen Lernschwierigkeiten oder Lernhemmungen auftreten, die nicht durch Tipps, kurze Hinweise oder kleine Unterstützungen seitens der Lehrkraft überwunden werden. Der Lehrende ist nun gezwungen, den Lehr-Lern-Prozess an dieser Stelle zu analysieren, um zu verstehen, worin die andauernde Lernhemmung bei seinem Schüler besteht. Es entsteht für den Lehrenden damit eine spezifische diagnostische Fragestellung.

Der Lehrende besitzt einerseits ein Wissen über Lehren und Lernen, über den Verlauf bestimmter Erwerbsprozesse und über mögliche Lernhindernisse und verfügt andererseits auch über mehr oder weniger umfangreiche Informationen über den Lernenden und dessen individuelle Lernbedingungen und Lernfähigkeiten. Mit diesem Wissen entwickelt er Hypothesen über mögliche Gründe und Bedingungen für das Entstehen der Lernbeeinträchtigung. Er denkt darüber nach, woran es liegen könnte, dass ein Schüler nicht in dem Maße wie erwartet sein Lehrangebot nutzen kann.

Beispiel

So vermutet zum Beispiel ein Lehrer, dessen Schüler übermäßig viele Rechtschreibfehler im Diktat unterlaufen, dies hänge mit einer mangelnden Kenntnis der Rechtschreibregeln, mit einer zu gering entwickelten auditiven Gliederungsfähigkeit oder auch mit einer zu geringen Merkfähigkeit für sprachliches Material zusammen.

Im nächsten Schritt wählt der Lehrende geeignete diagnostische Verfahren aus, um seine Hypothesen zu prüfen. So ordnet der Lehrer in obigem Fall die Rechtschreibfehler seines Schülers systematisch nach einzelnen Fehlerkategorien, um auf diese Weise zu sehen, ob dieser Schüler im Laufe eines Diktats gehäuft gegen einzelne Rechtschreibregeln verstößt oder in welchem Ausmaß ihm typische Fehler unterlaufen, die auf mangelhafte auditive Verarbeitung hinweisen.

Die Auswertung und die Interpretation der diagnostischen Daten führen zu diagnostischen Informationen. Bestätigen diese die Vermutungen des Lehrenden nicht, findet er in unserem Beispiel keine Hinweise auf mangelnde Regelkenntnis oder angenommene Schwächen der auditiven Informationsverarbeitung, muss er weitere Hypothesen über den möglichen Bedingungshintergrund der vielen Fehler im Diktat suchen und diese dann wiederum überprüfen oder gar darüber nachdenken, ob er sich die richtigen Fragen bezüglich der Lernhemmung am Anfang des diagnostischen Prozesses gestellt hat. So wird besagter Lehrer vielleicht nun Vermutungen darüber anstellen, ob die Lernsituation in seiner Klasse für den betreffenden Schüler ungünstig ist. Schenkt er ihm genügend Aufmerksamkeit und Zuwendung? Traut er ihm unter Umständen zu wenig zu und gibt vorschnell Unterstützung, sodass der Schüler zu selten Lernerfolge erlebt, die er sich selbst und seinem Können zuschreiben kann? Mithilfe einer gezielten Unterrichtsbeobachtung durch einen Kollegen oder eine Kollegin könnte der Lehrer versuchen, diese Hypothesen zu prüfen.

Erhärtet sich der ursprüngliche oder neue Verdacht zum Bedingungshintergrund der Lernhemmung, greift der Lehrende wiederum auf sein pädagogisch-didaktisches Fachwissen zurück und stellt unter Berücksichtigung der neu gewonnenen Erkenntnisse über seinen Schüler erneut Hypothesen auf: nun aber über alternative Lehr- und Lernmethoden, von denen er hofft, dass der Schüler damit seine Lernhemmungen überwinden und die nächsten Lernschritte gehen kann.

Setzt der Lehrende sein Lehrangebot in die Tat um, kann er beobachten, inwieweit der Schüler auf dieses Angebot zugreift, mit dem veränderten Lehrangebot seine Lernhemmungen überwindet und zum Beispiel im Prozess des Schreibenlernens fortschreitet. Der Lehrende erfährt auf diese Weise, ob seine Hypothesen, das neue Lehrangebot betreffend, hilfreich und damit richtig waren. Gleichzeitig beinhaltet diese Erfahrung eine Reihe neuer diagnostischer Informationen über das Lernen des Schülers, die er bei der weiteren Gestaltung seines Lehrangebots, beim Festlegen nächster Entwicklungs- und Lernschritte sowie bei der Auswahl neuer Hilfen berücksichtigen sollte.

Werden die gesteckten Lernziele mit den gewählten Hilfen jedoch nicht erreicht, müssen die diagnostischen Informationen noch einmal dahin gehend analysiert werden, ob sich nicht aus ihnen heraus weitere Förderangebote entwickeln lassen. Unter Umständen wird es vielleicht sogar erforderlich, die Lernhemmung in der spezifischen Lernsituation erneut zu betrachten, um zu weiteren ersten Hypothesen zu gelangen und auf dieser Basis den gesamten Prozess ein weiteres Mal zu durchlaufen.

1.4 Soziale und kulturelle Rahmenbedingungen

Wie bereits Abb. 1.1 und 1.4 zu entnehmen ist, geschieht psychologische und selbstverständlich auch pädagogische Diagnostik unter kulturellen und sozialen Rahmenbedingungen. Gesellschaftliche, soziale Normen sind genauso zu beachten und zu berücksichtigen wie rechtliche und ethische Bestimmungen. Auch unsere Wahrnehmung ist stark durch soziale Erfahrungen geprägt und wird von unseren Einstellungen und Vorurteilen beeinflusst. Demzufolge sind Bewertungen und Beurteilungen niemals objektiv, sondern immer subjektiv und mehr oder weniger fehlerhaft.

1.4.1 Diagnostik braucht Normen

Pädagogen/innen, vor allem diejenigen, die sich dem Gedanken der Inklusion in besonderer Weise verpflichtet fühlen, vertreten entschieden die Meinung, kindliches Verhalten dürfe nicht mit Normen oder Standards verglichen werden. Ein von Normen geprägtes pädagogisches Handeln schüre Konkurrenz und Wettbewerb, erzeuge Leistungsängste und presse Kinder in fragwürdige Normalitätsvorstellungen, was deren kreative und individuelle Entfaltung behindere. Diagnostik, Leistungsmessungen, Bildungsstandards, all dies führe zu Diskriminierung, Kränkung und Beschämung. Erst wenn vergleichende Maßstäbe zurückgedrängt würden, gelange Humanität ins Klassenzimmer. Als zulässig gelten lediglich Prozessbeschreibungen und Prozessanalysen, die sich auf die individuelle Entwicklung einzelner Personen beziehen (Ahrbeck 2014).

Hier sei nur am Rande erwähnt, dass Diagnosen oder Normen grundsätzlich nichts Diskriminierendes haben, sondern dass Menschen Diagnosen und Normen zur Diskriminierung anderer benutzen. Dies lässt sich nicht aus der Welt schaffen, indem man der Illusion nachhängt, Bildung und Erziehung seien ohne Wertmaßstäbe denkbar. Im Übrigen sind Vergleiche des eigenen Verhaltens mit dem Anderer unbedingt erforderlich, um Orientierung gebende Verhaltensstandards zu entwickeln. Die wiederum sind unverzichtbar für die Entwicklung von Selbstbild, Selbstwertgefühl, Selbstwirksamkeit und Leistungsmotivation – und genau deshalb vergleichen sich Kinder ungeachtet aller Inklusionsrhetorik andauernd unaufgefordert mit uns und anderen.

Definitionsgemäß besteht die Aufgabe der pädagogischen Diagnostik im Erfassen von Lernergebnissen und in der Analyse von Lernprozessen, um individuelles Lernen zu optimieren (vgl. 1.3.1). Dieser Aufgabe kann sie nur gerecht werden, wenn sie ihre Untersuchungsergebnisse anhand von normativen Vergleichsmaßstäben bewertet und in Bezugssysteme einordnet. Nur so werden aus erhobenen Daten diagnostische Informationen, die pädagogisch relevant sind.

Beispiel
Eine Lehrkraft stellt fest, dass einem Schüler in einem selbst verfassten Text eine gehörige Zahl an Rechtschreibfehlern unterlaufen ist. Was fängt sie pädagogisch-didaktisch mit dieser Fehlerzahl oder Leistungsbeschreibung an, wenn sie nicht weiß, ob Schüler/innen in diesem Alter und in dieser Klassenstufe ähnlich viele Fehler machen oder ob es im Vergleich mit Gleichaltrigen unverhältnismäßig viele oder erstaunlich wenige Fehler sind? Nur wenn diese Lehrkraft die Fehlerzahl des Schülers mit einem Vergleichsmaßstab oder einer Norm bewertet, ist sie in der Lage, ihren weiteren Unterricht angemessen und effektiv zu gestalten. Bei einer altersgemäßen Rechtschreibleistung kann sie sich entspannt zurücklehnen und wie geplant weiterunterrichten. Ist die Rechtschreibleistung allerdings deutlich unterdurchschnittlich, analysiert sie die Fehler, um Förderansätze zu finden und entsprechende individuelle Fördermaßnahmen einzuleiten.

Beispiel
Vor einer Lehrerin liegen die Lern- und Leistungsergebnisse eines Schülers in verschiedenen Schulfächern. Möchte sie nun wissen, wo sich in diesem Leistungsprofil Stärken und Schwächen verbergen, benötigt sie eine Norm, einen einheitlichen Maßstab, den sie an alle Einzelleistungen anlegt. Dieses Wissen um die Stärken und Schwächen des Schülers kann sie pädagogisch sinnvoll einsetzen und nutzen. Wird die Frage aufgeworfen, ob bei einer Schülerin, die sehr langsam und stockend liest und viele Rechtschreibfehler macht, vielleicht eine Legasthenie vorliege, kann diese nur gemäß Definition über den normgestützten Vergleich der generellen kognitiven Leistungsfähigkeit mit der Lese-Rechtschreibleistung beantwortet werden. Liegt eine Legasthenie vor, hat die Schülerin Anspruch auf kostenlose außerschulische Therapie und auf einen Nachteilsausgleich in der Schule.

Diagnostizieren heißt also immer kategorisieren, klassifizieren und vergleichen und somit liegen jeglicher Diagnostik Vergleichsmaßstäbe oder Normen zugrunde. Als Bezugssysteme stehen grundsätzlich drei zur Verfügung (Breitenbach 2014):

- interindividuelle Normen,
- intraindividuelle Normen und
- kriteriumsorientierte oder Sachnormen.

1.4 Soziale und kulturelle Rahmenbedingungen

Beim Einsatz einer statistischen, sozialen oder interindividuellen Norm wird eine individuelle Leistung mit einer Referenzpopulation verglichen oder genauer gesagt mit einer fiktiven Durchschnittsperson, die aus empirisch gefundenen Einzeldaten errechnet wurde. Ob nun die Bezugsgruppe aus den restlichen Klassenkameraden oder aus tausenden von Gleichaltrigen besteht, wie etwa in den großen PISA-Studien, ändert am Grundmodus nichts. Mit der Größe der Vergleichsgruppe steigt jedoch sehr wohl die Objektivität und Zuverlässigkeit der Leistungsfeststellung, da sie dann zum Beispiel nicht mehr von den Zufälligkeiten einer Klassenzusammensetzung abhängt.

Die intraindividuelle oder Individualnorm vergleicht die zu beurteilende Leistung einer Person quasi mit sich selbst, mit ihren früheren Leistungen oder mit ihren Leistungen in anderen Bereichen. Auf diese Weise kann beispielsweise der individuelle Lernzuwachs eines Schülers oder auch ein Leistungsrückschritt bestimmt werden. Durch einen intraindividuellen Vergleich zweier Leistungen ein und derselben Person in zwei unterschiedlichen Lern- und Entwicklungsbereichen treten vorhandene individuelle Stärken und Schwächen dieser Person zutage. Die Individualnorm dokumentiert also eher einen längsschnittlichen Verlauf, während die interindividuelle Norm eher einen sozial vergleichenden Querschnitt repräsentiert.

Die kriteriumsorientierte, kriteriale oder Sachnorm vergleicht die Leistung eines Einzelnen mit einem bestehenden, vorher festgelegten Kriterium. Als Kriterium fungieren Lernziele, Bildungsstandards, Erwartungsprofile oder regelrechte Entwicklungsverläufe. Hier kann eine Aussage darüber getroffen werden, ob das Kriterium erreicht wurde oder nicht bzw. wie weit sich ein/e Schüler/in dem Ziel angenähert hat.

Alle hier angeführten Normen sind im Grunde soziale Normen, das heißt, sie sind über den Vergleich mit anderen entstanden. Jede Norm, so Jung (2013), kann immer nur vor dem Hintergrund einer sozialen Norm gedacht werden, wie der Begriff „Norm" als zu erreichender aus Durchschnittswerten festgelegter Standard verdeutlicht. Kriteriale Normen wie Lernziele oder Kompetenzen sind, so Jung (2013) weiter, nicht a priori, gleichsam naturwüchsig vorhanden, sondern werden auch durch eine vorhergehende soziale Normierung gefunden. Was in welchem Ausmaß im Rechnen oder Rechtschreiben von einem achtjährigen Kind zu erwarten ist, ist ein sozial konstruiertes Wissen über die durchschnittliche Leistungsfähigkeit nach einer entsprechenden Schulung und Unterrichtung. Eine Verringerung der Rechen- oder Rechtschreibfehler lässt sich unter Benutzung einer individuellen Norm nur dann einigermaßen zufriedenstellend als Verbesserung betrachten, wenn auch hier, zumindest implizit, auf eine soziale Norm zurückgegriffen wird; nämlich auf die Erfahrung, dass aufgrund einer bestimmte

Unterrichtung in einem bestimmten Zeitraum die beobachtete Fehlerreduktion zu erwarten ist. Alle Entwicklungs- und Erwerbstheorien, an denen sich didaktische Überlegungen und Vorgaben in Lehrplänen und Lernzielkatalogen ausrichten, wurden aus Entwicklungs- und Lernverläufen vieler herausdestilliert und sind das Ergebnis sozialer Vergleichsprozesse.

1.4.2 Bewertungs- und Beurteilungsfehler

In Berichten über Schüler oder auch in pädagogischen Gutachten sind häufig folgende Aussagen zu lesen: „Felix arbeitet meist konzentriert und planvoll", „Evas Umgang mit Stift und Schere ist durchaus geschickt" oder „Martin fällt es schwer, die eigenen Emotionen sozial angemessen zu steuern". Hier wird kein beobachtetes Verhalten beschrieben und mitgeteilt, sondern es erfolgen Bewertungen des beobachteten Verhaltens. Die Lehrkraft hat Felix mehr oder weniger zufällig immer einmal wieder im Unterricht beim selbstständigen Arbeiten zugesehen und deshalb den Eindruck gewonnen, er arbeite meist planvoll und konzentriert.

Solche unreflektierten, beiläufig entstandenen Beurteilungen von Schülerverhalten können, werden sie als diagnostische Informationen weitergegeben, zu Missverständnissen und Fehleinschätzungen führen. Der Schreiber solcher Sätze hat eine subjektive Vorstellung vom Verhalten eines Kindes, wenn es „meist konzentriert und planvoll", „durchaus geschickt" arbeitet oder sich „sozial angemessen" verhält. Solche Vorstellungen haben aber auch die Leser/innen dieser Sätze und in der Regel stimmen diese subjektiven Vorstellungen nicht überein, sondern liegen mehr oder weniger weit auseinander. Was für den einen ziemlich chaotisch ist, wird vom anderen noch als durchaus planvoll angesehen. Das tatsächliche Verhalten wird also zweimal bewertet: einmal beim Schreiben und ein weiteres Mal beim Lesen. So sieht ein Leser oder eine Leserin nach dieser zweimaligen Interpretation Verhaltensweisen eines Kindes vor dem geistigen Auge, die möglicherweise nur noch sehr wenig zu tun haben mit dem ursprünglich beobachteten Verhalten.

Hinzu kommen Pseudoquantifizierungen und Pseudospezifizierungen durch kleine Wörtchen wie meist, häufig, ziemlich, durchaus, eher, eigentlich, ständig usw. Sie werden benutzt in redlicher Absicht, um eine Aussage genauer, präziser zu machen. Sie können dies jedoch nicht wirklich leisten, denn Schreiber/innen und Leser/innen haben mit großer Wahrscheinlichkeit bezüglich der Bedeutung dieser Wörtchen wiederum unterschiedliche Vorstellungen. Die Leser/innen wissen nicht, was die Schreiber/innen unter meist, eher, durchaus usw. genau verstehen. Trotz

1.4 Soziale und kulturelle Rahmenbedingungen

des Versuchs, Verhalten exakter zu fassen und zu beschreiben, bleibt unklar, wie oft das Verhalten aufgetreten ist, sodass Beobachter/innen den Eindruck gewonnen haben, es sei häufig oder eher selten. Trotz Präzisierungsversuch weiß niemand, welche besondere Verwendung von Schere oder Bleistift Beobachter/innen veranlasst haben, den Umgang damit nicht nur als geschickt, sondern als ziemlich geschickt zu bewerten.

Die menschliche Neigung, beobachtetes Verhalten sofort zu bewerten und die Bewertung als wichtige Information an andere weiterzugeben, resultiert aus dem Umstand, dass der Mensch mit neutralen oder nicht bewerteten Informationen und Beobachtungen nichts anfangen kann, sie sind für ihn unbrauchbar. Wir müssen möglichst schnell herausfinden, ob das, was wir wahrnehmen, bekannt ist oder unbekannt, gefährlich oder ungefährlich, sinnvoll oder sinnlos, angenehm oder unangenehm. Nur so sind wir in der Lage, in komplexen, schwer überschaubaren Situationen schnell und angemessen zu reagieren.

Diese im Moment der Wahrnehmung vorgenommene Wertung bedient sich vor allem des wahrgenommenen Kontextes als Bewertungshilfe. Auf diese Weise wird aus unserer Wahrnehmung eine soziale und es entstehen Einstellungen und Vorurteile, die unser weiteres Wahrnehmen leiten und schnelle Bewertungen ermöglichen. Optische Täuschungen zeigen, dass wir dieser spontan bewertenden Gestaltwahrnehmung fast hilflos ausgeliefert sind.

Bei der Müller-Leyerschen Täuschung in Abb. 1.7 erscheinen die waagrechten Strecken verschieden lang, obwohl sie objektiv gleich lang sind. In Titscheners Beispiel wirkt der von kleinen Kreisen umgebene Kreis größer als der objektiv gleich große, der jedoch von größeren Kreisen umgeben ist. Die Wahrnehmung unserer Welt ist also nicht objektiv verlässlich, sondern aus guten Gründen subjektiv interpretierend. Wir greifen aktiv auf unsere Welt zu und beurteilen das neu

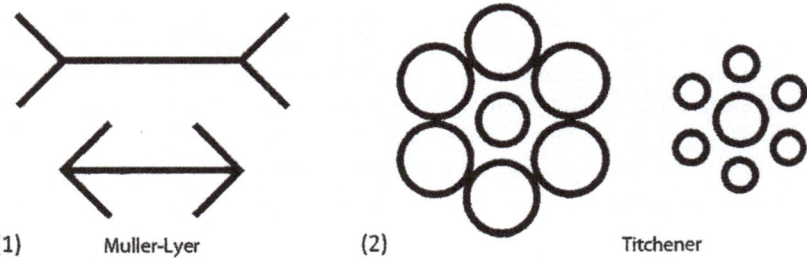

Abb. 1.7 Optische Täuschungen nach Müller-Leyer (**1**) und Titchener (**2**) (Breitenbach 2014, S. 242)

Wahrgenommene sofort im Sinne unserer bereits vorhandenen Kategorien und Maßstäbe. Es ist deshalb nicht verwunderlich, dass Zeugenaussagen über ein und denselben Unfall bisweilen so weit auseinandergehen, dass man sich fragt, ob die Zeugen wirklich denselben Unfall gesehen haben.

Diese Besonderheit der menschlichen Wahrnehmung sollte Diagnostiker/innen immer bewusst sein, denn durch sie entsteht eine Reihe von Bewertungs- und Beurteilungsfehlern. Aber sie sollten auch Maßnahmen kennen, mit denen die interpretierende Verzerrung der Beobachtungen reduziert oder korrigiert werden können.

Der Fehler der Güte und Milde ist eine Beobachtungs- und Beurteilungsverzerrung, die auch als Fehler der Großzügigkeit bezeichnet wird. Beobachter/innen empfinden Mitleid mit den Untersuchten, die sich redlich bemühen und anstrengen, aber dennoch nicht den gewünschten Erfolg erzielen. Wer ein solches Versagen trotz großer Anstrengung miterlebt, neigt zu einer eher großzügigen Einschätzung und lässt gerne Milde walten nach dem Motto: „Naja, so schlecht war das Ganze ja nun auch wieder nicht". Ähnlich kann es Beobachter/innen ergehen, wenn sie den Eindruck gewinnen, dass die Anforderung „nun aber wirklich ausgesprochen schwer" war. Aus der Heil- und Sonderpädagogik ist bekannt, dass gerade wenig erfahrene Diagnostiker/innen kranken oder behinderten Kindern gegenüber besonders milde gestimmt sind. Bei ihnen ist unter Umständen das Motiv des „Helfenwollens" besonders stark ausgeprägt und sie sind deshalb nicht imstande, zwischen der diagnostischen und der pädagogischen Perspektive zu unterscheiden.

Der logische Fehler unterläuft eher Menschen mit großer beruflicher Erfahrung.

> **Beispiel**
>
> Heilpädagogen/innen betreuen zum Beispiel über viele Jahre hinweg Menschen mit Autismus (Autismus-Spektrum-Störung). Im Laufe dieser Zeit haben sie im Umgang mit ihnen eine eigene mehr oder weniger naive Theorie über autistische Menschen entwickelt. Sie kennen sie genau und wissen selbstverständlich, was deren Probleme und Besonderheiten sind, wie sie sich in bestimmten Situationen verhalten usw. Beobachten sie nun Menschen mit Autismus, besteht die Gefahr, dass sie ihre Beobachtungen und Beurteilungen gemäß der eigenen Logik, gemäß dem eigenen Bild vom autistischen Menschen verzerren oder auch gar nicht vorhandene Verhaltensweisen entsprechend ergänzen.

Der logische Fehler besteht also in der Tendenz, Merkmale, die dem Beobachter logisch oder psychologisch als zusammengehörig erscheinen, auch ähnlich zu

1.4 Soziale und kulturelle Rahmenbedingungen

bewerten. Er entsteht oft auf der Grundlage impliziter und mehr oder weniger naiver Persönlichkeitstheorien oder auch im Zusammenhang mit einem Denken in Syndromen.

Mit dem Halo- oder Hofeffekt ist die Neigung eines Beurteilers gemeint, sich in der Beurteilung oder Beobachtung einer einzelnen Persönlichkeitseigenschaft vom Gesamteindruck oder von einer hervorstechenden Eigenschaft beeinflussen zu lassen. Ähnlich wie beim Mond, der, wenn er einen Hof (engl. „halo") bildet, auf seine Umgebung ausstrahlt, verhält es sich mit einer herausragenden, sofort ins Auge fallenden Eigenschaft eines Menschen. Jemand, der sich verbal gut auszudrücken versteht, der sprachlich gewandt erscheint, wird schnell auch für besonders intelligent und klug gehalten. Ein Aufsatz, der angeblich von einem Journalistensohn geschrieben wurde, wird besser benotet, als wenn er von einem Jungen aus dem Arbeitermilieu stammt. Der Halo-Effekt hat, so Breitenbach (2014), eine gewisse Ähnlichkeit mit dem logischen Fehler. In beiden Fällen wird die Beobachtung und Beurteilung durch bereits vorhandene Kenntnisse oder Meinungen verzerrt. Eine Abgrenzung ist vielleicht dahin gehend möglich, dass es beim Halo-Effekt um die Zusammengehörigkeit von Eigenschaften eines Individuums geht, während sich der logische Fehler auf die Affinität verschiedener Merkmale losgelöst von einem einzelnen, konkreten Individuum bezieht. Der logische Fehler ist vergleichsweise abstrakt und bedarf nicht des Bezugs zu einer realen Person.

Der Fehler der zentralen Tendenz findet sich nun eher wieder bei Diagnostiker/innen mit wenig beruflicher Erfahrung. Sie kennen noch nicht das gesamte Verhaltensspektrum, die Spannweite des Möglichen und sind sich deshalb unsicher, wie extrem das beobachtete Verhalten einzuschätzen ist. Um keinen allzu groben Fehler zu begehen oder dem zu Beurteilenden nicht zu nahe zu treten, vermeiden sie extreme Beurteilungen und versammeln sich mit ihrer Bewertung eher um die Mitte. Aufgrund des Fehlens klar definierter Beurteilungsmaßstäbe und -kriterien verspüren sie offensichtlich eine gewisse Scheu, ein Merkmal als stark ausgeprägt einzustufen und scheinen sich bei einer Beurteilung wie „ein wenig" oder „mittelmäßig" wohler zu fühlen.

Ein Kontrastfehler liegt vor, wenn die zu beurteilende Person im Kontrast zur eigenen Person erlebt wird. Er umschreibt die Tendenz, eine Person hinsichtlich eines bestimmten Merkmals gegenteilig zu sich selbst zu beurteilen. So mögen Diagnostiker/innen, die sich selbst für ordentlich, korrekt und systematisch arbeitende Menschen halten, die beobachtete Person leicht als unordentlich und schlampig einschätzen.

Beim Fehler der räumlich/zeitlichen Nähe werden räumlich oder zeitlich nahe beieinanderliegende Geschehnisse vorschnell als ursächlich zusammenhängend beurteilt. Ein Kind fällt in seinen schulischen Leistungen ab und zur gleichen Zeit läuft zuhause die Scheidung der Eltern. Was liegt näher, als die Scheidung der Eltern für den Leistungsabfall verantwortlich zu machen. Ein korrelativer Zusammenhang, das gleichzeitige Auftreten zweier Ereignisse, wird unreflektiert und ungeprüft als kausal interpretiert; das eine wird vorschnell als Ursache des anderen angesehen.

Weitere Fehler können Diagnostiker/innen unterlaufen, wenn sie Beobachtungen in einem Gutachten oder Bericht niederschreiben und interpretierend in Zusammenhang mit anderen diagnostischen Daten bringen. So hat sich beispielsweise im Rahmen der Diagnostik ein Faktum oder ein Zusammenhang als besonders bedeutsam herausgestellt. Damit dies beim Lesen des Gutachtens oder des Berichts auf keinen Fall übersehen wird, greift der Schreiber oder die Schreiberin womöglich an dieser Stelle zu drastischeren Formulierungen und übertreibt ein wenig. Manchmal liegen auch sich widersprechende Beobachtungen und Daten vor, die nicht so recht zusammenpassen. Das ist manchen Verfasser/innen von Berichten und Gutachten unangenehm; man möchte lieber alles schlüssig darstellen und erklären können. Feilt man jedoch ein wenig an den Formulierungen, hier leicht abschwächend und dort etwas übertreibend, erscheint der Widerspruch schon nicht mehr so krass. Um einen in sich stimmigen Bericht abzugeben, können auch Details, die nicht passen, unterdrückt werden oder an Stellen, wo Einzelheiten zur Herstellung eines Zusammenhangs notwendig wären, neue nicht diagnostizierte hinzugefügt werden. Die schriftliche Fixierung von Untersuchungsergebnissen in einem Bericht oder Gutachten ist zwangsläufig eine Verkürzung, eine Reduktion der vorhandenen Informationsfülle. Die Auswahl dessen, was des Mitteilens wert ist, und dessen, was als nebensächlich oder unwichtig erachtet wird, kann die getroffene Aussage oder Entscheidung, die Beantwortung der Fragestellung tendenziell verschieben.

Diagnostiker/innen, die um die Bewertungs- und Beurteilungsfehler wissen, können diese durch die von Paradies et al. (2007) beschriebenen Maßnahmen abmildern. Als Erstes wäre das Abgleichen der persönlichen Beurteilungen mit den Einschätzungen Anderer zu nennen, welche die beurteilten Personen ebenfalls ausreichend gut kennen. Im Austausch mit Kolleg/innen, Therapeut/innen, Erzieher/innen und Eltern werden Gemeinsamkeiten der Bewertung einzelner Fähigkeiten oder Fertigkeiten sichtbar und treten Unterschiede deutlich hervor. Indem die am Gespräch Beteiligten gemeinsamen darüber nachdenken, werden aus beiläufig gesammelten, höchst subjektiven Informationen reflektierte diagnostische Daten. Geht es darum, erbrachte Leistungen oder Verhaltensweisen

1.4 Soziale und kulturelle Rahmenbedingungen

in das Bewertungsschema „altersgemäß oder nicht altersgemäß", „unter- oder überdurchschnittlich" einzuordnen, ist der Vergleich mit einer großen Zahl von Gleichaltrigen hilfreich, wie das zum Beispiel Vergleichsarbeiten bieten. Die eigene Bewertung lässt sich auch auf sichere Füße stellen, wenn das Beobachten und Vergleichen systematisch und regelmäßig über einen längeren Zeitraum hinweg erfolgt und wenn es für die Ermittlung der Daten eindeutige Regeln gibt. Die faire Beurteilung einer Leistung fällt leichter, wenn für diese eine möglichst klare, unmissverständliche und für alle transparente Beschreibung der Anforderungen vorliegt und wenn ihr nicht nur eine Einzelinformation, sondern eine ausreichende Datenmenge zugrunde liegt.

1.4.3 Rechtliche und ethische Bestimmungen

„Wer darf eigentlich testen?" ist eine von Lehrkräften häufig gestellte Frage. Die Antwort lautet: Es existiert keine spezifische gesetzliche Regelung darüber, wer unter welchen Bedingungen einen psychologischen Test durchführen darf. In manchen Bundesländern gibt es diesbezüglich ansatzweise schulrechtliche Bestimmungen. Davon abgesehen, sind jedoch eine Reihe rechtlicher oder gesetzlicher Bestimmungen im Zusammenhang mit dem Diagnostizieren relevant und zu beachten.

Selbstverständlich unterliegt der Umgang mit diagnostischen Daten und Informationen der Verschwiegenheitspflicht und den Bestimmungen der gültigen Datenschutzgesetze. Danach sind diagnostische Daten vor dem Zugriff Dritter zu schützen und dürfen nur mit der ausdrücklichen Einwilligung der Betroffenen oder ihrer gesetzlichen Vertreter weitergegeben werden. Die Betroffenen oder ihre gesetzlichen Vertreter besitzen das Recht auf Einsichtnahme in die diagnostischen Daten.

Ebenso unterliegen Diagnostiker/innen der Sorgfaltspflicht, was bedeutet, dass nur diejenigen diagnostisch tätig werden dürfen, die eine qualifizierte Ausbildung nachweisen können und deshalb über die erforderlichen fachlichen Kompetenzen verfügen. Delegieren Arbeitgeber oder Vorgesetzte diagnostische Aufgaben an diagnostisch unqualifizierte Mitarbeiter/innen, so verstoßen sie gegen die Sorgfaltspflicht und nicht die diagnostizierenden Mitarbeiter/innen. Ein Diagnostizieren seitens Unqualifizierter kann, nach Friedrichs (2006), durchaus als fahrlässig oder grob fahrlässig eingestuft werden. Manche Verlage, die psychologische Tests vertreiben, haben aus diesem Grund eine freiwillige Vertriebsbeschränkung eingeführt, die den Zugang zu den psychologischen Tests für Unbefugte erschweren oder gar verhindern soll.

Das Durchführen eines psychologischen Tests ohne entsprechende Ausbildung und Kompetenzen kann als ungerechtfertigter Eingriff in das Persönlichkeitsrecht von Untersuchten interpretiert werden. Bei einer testpsychologischen Untersuchung geben Untersuchte Dinge von sich preis, die sie normalerweise nicht jedem erzählen würden. Sie tun dies im Vertrauen darauf, dass sie von Fachleuten untersucht werden, die fachlich gut begründet nach diesen Daten und Informationen fragen und die diese fachwissenschaftlich interpretieren, das heißt nur wissenschaftlich gesicherte Schlüsse daraus ziehen. Wüssten Untersuchte, dass die Diagnostiker/innen keine kompetenten Fachleute sind, würden sie diesen die gewünschten Informationen über sich vielleicht nicht anvertrauen. Wer mit diagnostischen Methoden unerlaubt in das Persönlichkeitsrecht von Klient/innen eingreift und damit ebenfalls seine Sorgfaltspflicht verletzt, kann, so Friedrichs (2006), für einen dadurch entstandenen, wie auch immer gearteten Schaden haftbar gemacht werden. Mitteilungen von Diagnosen und Untersuchungsergebnissen könnten zum Beispiel manche Menschen psychisch belasten, unter Stress setzen oder gar traumatisieren, was unter Umständen auch mit einem erheblichen finanziellen Schaden einhergeht. Stellen sich dann die mitgeteilten Testergebnisse und Diagnosen auch noch als falsch heraus, kann die Haftung empfindlich bis existenziell bedrohlich werden.

Rechtlich auf der sicheren Seite ist also immer derjenige, der nur die diagnostischen Methoden einsetzt, die er beherrscht, und der die gewonnenen Daten sachgemäß, das heißt innerhalb der Reichweite seines Fachwissens interpretiert.

Beispiel

Eine Grundschullehrerin, die nichts von psychometrischen Verfahren versteht, sollte auf den Einsatz von Lese- und Rechtschreibtests verzichten. Sie kann aber jederzeit Fehleranalysen oder didaktische Analysen durchführen, Kompetenzinventare einsetzen und die Leistungen mithilfe von Noten bewerten. Teilt ein Lehrer aufgrund seiner Verhaltensbeobachtungen Eltern mit, ihr Sohn habe eine ADHS (Aufmerksamkeitsdefizithyperaktivitätsstörung), verlässt er eindeutig den Bereich seiner Kompetenzen. Eine ADHS kann nur mit einer umfassenden kinder- und jugendpsychiatrischen Untersuchung festgestellt werden. Eine verantwortungsvolle Lehrkraft wird in einem solchen Fall den Eltern ihre Beobachtungen und Vermutungen mitteilen und diese bitten, das Kind fachärztlich untersuchen zu lassen.

Diagnostische Qualifikationen werden im Studium oder durch Fort- und Weiterbildung erworben und durch entsprechende Belege und Zertifikate nachgewiesen.

Jäger (2006) verweist auf allgemein- und berufsethische Bedingungen, unter denen ein diagnostischer Prozess abzulaufen hat und wonach sich jeder Diagnostiker immer folgende Fragen stellen und beantworten sollte: Genügt das diagnostische Vorgehen wissenschaftlichen Kriterien? Wo wird eine Fragestellung angegangen, die mit den derzeitigen Methoden der psychologischen Diagnostik nicht zu beantworten ist? Wo kollidiert das konkrete Handeln mit den Ansprüchen und Erfordernissen der eigenen Berufsethik?

1.5 Zusammenfassung

Mit Blick auf inklusive Bildung lässt sich die pädagogische Diagnostik nicht mehr losgelöst von der sonderpädagogischen beschreiben. Beide sind der psychologischen Diagnostik entwachsen und lassen sich deshalb nicht nur schwer von dieser abgrenzen, vielmehr können große Übereinstimmungen und Parallelen festgestellt werden. Die pädagogische Diagnostik beschränkt sich selbstverständlich auf ihre eigenen Handlungsfelder, wodurch spezifisch pädagogische Fragestellungen entstehen, und verfügt neben den psychologischen Methoden auch über eigene diagnostische Instrumente. Diese sind in erster Linie den Besonderheiten der zu untersuchenden Klientel geschuldet. Wie die psychologische Diagnostik greift auch die pädagogische auf ein breites Feld inhaltlicher Grundlagen zurück. Psychologische und pädagogische Diagnostiker/innen verfolgen beim Diagnostizieren im Wesentlichen zwei Strategien: die Selektions- und die Modifikationsstrategie oder die Platzierungs- und Förderdiagnostik, wie die entsprechenden Bezeichnungen in der pädagogischen bzw. sonderpädagogischen Fachliteratur lauten, und beschreiben ihr Vorgehen in vergleichbaren Prozessmodellen. Beiden, den Pädagog/innen und den Psycholog/innen, können die gleichen Beurteilungs- und Bewertungsfehler unterlaufen, für beide gelten die gleichen grundlegenden gesetzlichen Bestimmungen und ethischen Anforderungen und beide bedienen sich sozialer, individueller und kriterialer Normen.

1.6 Weiterführende Literatur

Amelang und Schmidt-Atzert (2006) beschreiben detailliert die klassisch-psychologische Diagnostik mit ihren theoretischen Grundlagen, ihren diagnostischen Verfahren und den Problemen und Besonderheiten der Diagnostik in wichtigen Handlungsfeldern, wie etwa der Pädagogischen Psychologie.

In vergleichbarer Weise stellen Ingenkamp und Lissmann (2008) die pädagogische Psychologie dar und gehen dabei ausführlich auf die Schulleistungs- und Intelligenzdiagnostik sowie die Diagnostik sozialer und emotionaler Merkmale ein.

Hesse und Latzko (2017) stellen die Bedeutung der pädagogisch-psychologischen Diagnostik für Schule und Unterricht heraus und wählen bei den theoretischen Grundlagen und diagnostischen Methoden die ihrer Meinung nach für Lehrkräfte besonders relevanten Inhalte aus. Ausführlich beschäftigen sie sich mit diagnostischen Anlässen und Situationen im schulischen Alltag.

Breitenbach (2014) ergänzt die psychologische und pädagogische Perspektive um die sonderpädagogische, indem bei ihm vor allem die Förderdiagnostik im Mittelpunkt der Überlegungen steht. Spezifische Erkenntnisse und Inhalte der pädagogisch-psychologischen Diagnostik werden hier mit Blick auf Lernbeeinträchtigungen und Behinderungen diskutiert.

1.7 Fragen zur Vertiefung und Reflexion

Ein Sonderpädagoge verwehrt einem Jugendlichen die Einsicht in seine Untersuchungsergebnisse. Gegen welche gesetzliche Regelung verstößt er?

In einer Untersuchung soll geprüft werden, ob bei einem Kind eine Legasthenie vorliegt. Mit welcher diagnostischen Strategie kann diese Frage beantwortet werden?

Eine Lehrkraft bemerkt, dass eine ihrer Schülerinnen sich sprachlich hervorragend ausdrücken kann und hält sie deshalb auch für außerordentlich intelligent. Welcher Beobachtungs- und Bewertungsfehler unterläuft ihr?

Eine Grundschullehrerin überprüft, ob ihre Schulkinder die Regeln der Groß- und Kleinschreibung beherrschen und damit das gesteckte Lernziel erreicht haben. Auf welche Norm bezieht sich die Lehrkraft in diesem Fall?

Welche Merkmale charakterisieren die Platzierungsdiagnostik?

Eine Lehrerin denkt mit ihrem Kollegen darüber nach, welche Fördermaßnahmen für einen Schüler mit Rechenschwäche hilfreich sein könnten und was deshalb in ihrem Unterricht zu verändern wäre. An welcher Stelle im förderdiagnostischen Prozess befinden sich die beiden?

Literatur

Ahrbeck, B. 2014. *Inklusion. Eine Kritik*. Stuttgart: Kohlhammer.
Amelang, M., und L. Schmidt-Atzert. 2006. *Psychologische Diagnostik und Intervention*, 4. Aufl. Berlin: Springer.
Breitenbach, E. 2007. *Förderdiagnostik*. Würzburg: Edition bentheim.
Breitenbach, E. 2014. *Psychologie in der Heil-und Sonderpädagogik*. Stuttgart: Kohlhammer.
Diehl, K., und B. Hartke. 2011. Zur Reliabilität und Validität des formativen Bewertungssystems IEL-1: Inventar zur Erfassung der Lesekompetenz von Erstklässlern. *Empirische Sonderpädagogik* 3:121–146.
Friedrichs, J. 2006. Delegation der Testdiagnostik an Nicht-Psychologen. Problematisch im Hinblick auf Haftungsrecht und Sorgfaltspflicht. *Report Psychologie* 31:510.
Hattie, J.A.C. 2009. *Visible Learning. A synthesis of over 800 meta-analyses relating to achievement*. New York: Routledge.
Hesse, I., und B. Latzko. 2017. *Diagnostik für Lehrkräfte*, 2. Aufl. Opladen: Budrich.
Hoffmann, L., und K. Böhme. 2014. Wie gut können Grundschullehrkräfte die Schwierigkeit von Deutsch- und Mathematikaufgaben beurteilen? Eine Untersuchung zur Genauigkeit aufgabenbezogener Lehrerurteile auf Klassenebene. *Psychologie in Erziehung und Unterricht* 61:42–55.
Ingenkamp, K., und U. Lissmann. 2008. *Lehrbuch der pädagogischen Psychologie*, 6. Aufl. Weinheim: Beltz.
Jäger, R.S. 2006. Diagnostischer Prozess. In *Handbuch der Psychologischen Diagnostik*, Bd. 4, Hrsg. F. Petermann und M. Eid, 89–96., Handbuch der Psychologie Göttingen: Hogrefe.
Jung, J. 2013. *Schülerleistungen erkennen, messen, bewerten*. Stuttgart: Kohlhammer.
Klauer, K.J. 2014. Formative Leistungsdiagnostik: Historischer Hintergrund und Weiterentwicklung zur Lernverlaufsdiagnostik. In *Lernverlaufsdiagnostik*, Bd. 12, Hrsg. M. Hasselhorn, W. Schneider, und U. Trautwein, 1–17., Tests und Trends Göttingen: Hogrefe.
Klug, J., S. Bruder, S. Keller, und B. Schmitz. 2012. Hängen diagnostische Kompetenz und Beratungskompetenz von Lehrkräften zusammen? *Psychologische Rundschau* 63:3–10.
Koch, A., und C. Hofmann. 2015. Diagnostische Kompetenz – ein Auslaufmodell? Oder: Was Grundschullehrer und Grundschullehrerinnen wissen sollten. *Vierteljahresschrift für Heilpädagogik und ihre Nachbargebiete* 84:1–8.
Kretschmann, R. 2004. Diagnostikausbildung für alle Lehrerinnen und Lehrer. In *Neue Entwicklungen in der Förderdiagnostik*, Hrsg. W. Mutzek und P. Jogschies, 123–137. Weinheim: Beltz.
Langfeldt, H., und L. Tent. 1999. *Pädagogisch-Psychologische Diagnostik. Bd. 2: Anwendungsbereiche und Praxisfelder*. Göttingen: Hogrefe.
Loch, W. 1982. Anthropologie der Lernhemmung. In *Heilpädagogische Perspektiven in Erziehungsfeldern*, Hrsg. G. Klein, A. Möckel, und M. Thalhammer, 20–42. Heidelberg: Schindele.
Maier, U. 2014. Formative Leistungsdiagnostik in der Sekundarstufe – Grundlegende Fragen, domänspezifische Verfahren und empirische Befunde. In *Lernverlaufsdiagnostik*, Bd. 12, Hrsg. M. Hasselhorn, W. Schneider, und U. Trautwein, 19–39., Tests und Trends Göttingen: Hogrefe.

Meyer, M., und C. Jansen. 2016a. *Schulische Diagnostik. Ein Studien- und Arbeitsbuch.* Bad Heilbrunn: Klinkhardt.

Meyer, M., und C. Jansen. 2016b. Partizipation und Diagnostik. In *Partizipation und Diagnostik*, Hrsg. M. Meyer und C. Jansen, 203–213. Bad Heilbrunn: Klinkhardt.

Moor, P. 1965. *Heilpädagogik*. Bern: Huber.

Oerke, B., N. McElvany, A. Ohle, M. Ulrich, und H. Horz. 2016. Verbessert sich die diagnostische Urteilsgenauigkeit von Lehrkräften bei längerem Kontakt mit der Klasse? *Psychologie in Erziehung und Unterricht* 63:34–47.

Paradies, L., H.J. Linser, und J. Greving. 2007. *Diagnostizieren, Fordern und Fördern*. Berlin: Cornelsen.

Petermann, F., und M. Daseking. 2015. *Diagnostische Erhebungsverfahren*. Göttingen: Hogrefe.

Praetorius, A., K. Karst, O. Dickhäuser, und F. Lipowsky. 2011. Wie gut schätzen Lehrer die Fähigkeitsselbstkonzepte ihrer Schüler ein? Zur diagnostischen Kompetenz von Lehrkräften. *Psychologie in Erziehung und Unterricht* 58:81–91.

Prengel, A. 2016. Didaktische Diagnostik als Element alltäglicher Lehrerarbeit – „Formatives Assessment" im inklusiven Unterricht. In *Diagnostik im Kontext inklusiver Bildung. Theorien, Ambivalenzen, Akteure, Konzepte*, Hrsg. B. Amrhein, 49–63. Bad Heilbrunn: Klinkhardt.

Rentzsch, K., und A. Schütz. 2009. *Psychologische Diagnostik Grundlagen und Anwendungsperspektiven*. Stuttgart: Kohlhammer.

Schmidt, B.M., und A. Schabmann. 2016. Wissen und Kompetenzwahrnehmung von Referendaren im Umgang mit LRS. *Heilpädagogische Forschung* 42:96–108.

Schuck, K.D. 2000. Pädagogische Psychologie in sonderpädagogischen Arbeitsfeldern. In *Handbuch der Sonderpädagogischen Psychologie*, Hrsg. J. Borchert, 233–278. Göttingen: Hogrefe.

Stang, J., und D. Urhahne. 2016. Wie gut schätzen Lehrkräfte Leistung, Konzentration, Arbeits- und Sozialverhalten ihrer Schülerinnen und Schüler ein? *Psychologie in Erziehung und Unterricht* 63:204–219.

Strasser, U. 2004. *Wahrnehmen, Verstehen, Handeln: Förderdiagnostik für Menschen mit einer geistigen Behinderung*, 5. Aufl. Luzern: Edition SZH/SPC.

Lernverlaufsdiagnostik 2

Zusammenfassung

Die Lernverlaufsdiagnostik ist momentan sowohl in der Praxis als auch in der Wissenschaft in aller Munde und mit vielen Hoffnungen überfrachtet. Es ist angeblich die neue, inklusionsfähige Diagnostik, die Prävention ermöglicht, mit der Unterricht individualisiert gestaltet werden kann und die somit keinen Schüler und keine Schülerin mehr zurücklässt. Zunächst braucht es ein wenig Ordnung in der Vielfalt der verwendeten Bezeichnungen, das Verhältnis zur Förderdiagnostik ist zu klären und Anwendungsbereiche sind zu beschreiben. Auch die gar nicht so einfache Konstruktion von Messinstrumenten, die bestimmten Qualitätsansprüchen genügen müssen, gilt es zu betrachten genauso wie die Auswirkungen auf schulisches Lernen. Daran anschließend ist eine fundierte Auseinandersetzung mit konkreten Messinstrumenten für die einzelnen Lernbereiche Lesen, Rechtschreiben, Rechnen und Verhalten sowie ein Blick auf die derzeitige unterrichtliche Praxis möglich. Der Lernverlaufsdiagnostik in ihrer inneren Logik und ihrer Verwendung in der Praxis verwandt sind die Screening-Verfahren. Statt einzelner Lernprozesse begleiten und überwachen sie Entwicklungsverläufe.

2.1 Theoretische Grundlagen

Zu Beginn der 70er Jahre wurde in den USA in sonderpädagogischen Kontexten das Curriculum-Based Measurement (CBM) entwickelt. Es handelte sich dabei um von den Lehrkräften selbst entwickelte Schulleistungstests, die sich direkt auf den Lehrstoff bezogen, die also genau das prüften, was aktuell im

Unterricht durchgenommen wurde. Durch kontinuierlich wiederholte Leistungsmessungen sollte herausgefunden werden, inwieweit die angestrebten Lernziele von den einzelnen Schüler/innen auch tatsächlich erreicht wurden. Der Lernfortschritt oder Lernverlauf sollte abgebildet werden, um daraus Schlüsse auf die Effektivität des Unterrichts ziehen zu können. In Deutschland wurde diese alternative Art der Leistungsmessung im Unterricht bekannt als curriculumbasiertes Messen, Lernprozessdiagnostik, Lernfortschrittsdiagnostik oder auch Lernverlaufsdiagnostik. Die Bezeichnung curriculumbasiertes Messen ist insofern unglücklich, als sich natürlich auch die herkömmlichen Schulleistungstests am Curriculum, an den gültigen Lehrplänen orientieren und die dort beschriebenen Inhalte prüfen. Lernfortschrittsdiagnostik trifft den Sachverhalt nicht ganz, da ja auch Leistungsrückschritte möglich sind und erfasst werden. Die Lernprozessdiagnostik ist als Analyse des Lernens im Rahmen der Förderdiagnostik vorbelastet und somit ebenfalls problematisch. Übrig bleibt die Bezeichnung Lernverlaufsdiagnostik, die den Sachverhalt recht gut erfasst und deshalb auch im Weiteren benutzt werden sollte.

▶ Lernverlaufsdiagnostik meint wiederholte Leistungsstandmessungen bei Schülerinnen und Schülern, um Leistungsveränderungen in der Zeit zu erfassen und so Lernverläufe engmaschig zu überwachen und zu dokumentieren. Mithilfe dieser kontinuierlichen Rückmeldung über den Lernerfolg kann die Lehrkraft ihr Lehr- und Lernangebot optimieren oder falls erforderlich korrigieren. Sie kann des Weiteren frühzeitig Schüler oder Schülerinnen mit Lernproblemen oder Lernschwächen identifizieren und gezielt unterstützen.

Hippmann et al. (2016) liefern mit ihrer Studie gute Argumente für die Lernverlaufsdiagnostik, indem sie zeigen, dass mit einer einmaligen Untersuchung vorschulischer Fähigkeiten die Risiken im Schriftspracherwerb nicht immer sicher vorhergesagt werden können. Es gibt nach ihren Erfahrungen beispielsweise beim Lesenlernen neben dem kontinuierlichen auch einen dynamischen Entwicklungsprozess. Kompensierende Leser holen trotz eines schlechten Starts in den Leselernprozess ihren Rückstand auf und schließen zur Gruppe der durchschnittlichen Leser auf. Umgekehrt gibt es Kinder mit einem reibungslosen, gut gelungenen Einstieg in den Schriftspracherwerb, bei denen es danach zu deutlichen Leistungseinbrüchen kommt. So ist, nach Meinung von Hippmann et al. (2016), das Erfassen der Vorläuferfertigkeiten für den Schriftspracherwerb zweifellos hilfreich, um noch fehlende Voraussetzungen nachzuentwickeln, aber es ist kein

2.1 Theoretische Grundlagen

Garant für einen problemlos verlaufenden Schriftspracherwerb. Auch Marx und Lenhard (2010) mahnen zur Vorsicht bei der Bewertung von Vorhersagekraft oder Prognosen vorschulischer Screening-Verfahren. Grundschullehrkräfte sollten einfach wissen, dass Lernen als ein hoch komplexer Vorgang von zahlreichen Faktoren und Variablen bestimmt wird, deshalb schwer vorhersagbar ist und einer regelmäßigen Verlaufskontrolle bedarf.

2.1.1 Das Response-to-Intervention-Modell (RTI-Modell)

Das Response-to-Intervention-Modell wird als zentrale theoretische Grundlage der Lernverlaufsdiagnostik betrachtet, die zudem mit den Prinzipien eines inklusiven Unterrichts gut vereinbar ist. Die zentrale Idee oder das Ziel des RTI-Ansatzes liegt in der Früherkennung und Prävention von Lernschwierigkeiten und Lernstörungen. Durch eine kontinuierliche Messung der Lernfortschritte aller Schulkinder werden diejenigen mit Lern- und Verhaltensproblemen frühzeitig identifiziert und sofort gezielt gefördert oder weitergehend diagnostiziert (Limbach-Reich 2015). Dieses Vorgehen wird, wie in Abb. 2.1. zu sehen ist, auf drei Förderebenen beschrieben.

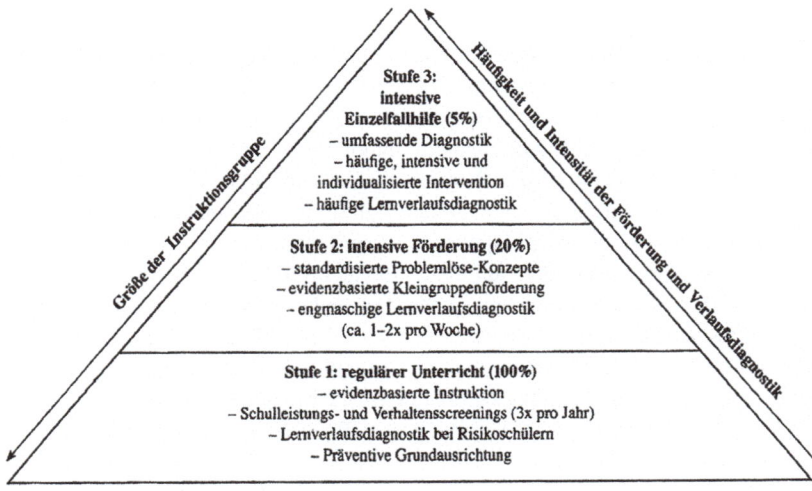

Abb. 2.1 RTI-Modell (Huber und Grosche 2012, S. 314)

Auf der ersten Förderebene wird den Schüler/innen ein qualitativ hochstehender, evidenzbasierter Kernunterricht unter der Verantwortung der Regelschullehrkraft angeboten. Evidenzbasiert meint, dass Unterrichtsmethoden eingesetzt werden, deren Wirksamkeit wissenschaftlich streng überprüft wurde. Alle Schulkinder nehmen an den regelmäßigen curriculumbasierten Überprüfungen des Lernfortschritts teil. Hierdurch wird die Lernentwicklung der Schulkinder abgebildet und es werden Risiko-Kinder erkannt, die vom Kernunterricht nicht in ausreichendem Maße profitieren und eventuell zusätzliche Förderung benötigen. Insgesamt wird auf der ersten Ebene davon ausgegangen, dass durch den Kernunterricht etwa 80 % der Schulkinder erfolgreich beschult werden können. Diese Kinder erweisen sich also als „responsiv" oder werden auch als „Responder" bezeichnet, während schätzungsweise 20 % zu den „Non-Respondern" zu rechnen sind.

Förderebene zwei bietet den Kindern mit nicht ausreichendem Lernerfolg spezielle Förderangebote mit dem Ziel, der Manifestierung einer Lernstörung entgegenzuwirken. Zum Einsatz kommen wiederum evidenzbasierte Maßnahmen, aber jetzt mit einem höheren Maß an Intensität und Individualisierung. Im deutschsprachigen Raum geht man von einem zusätzlichen Kleingruppen- oder Einzelunterricht aus, der über zehn bis 20 Wochen hinweg täglich maximal 20 bis 30 min dauert. Für Schüler/innen, die trotz dieser intensiveren Förderung in der Regelschule nicht den Leistungsstand ihrer Klasse erreichen, sieht das RTI-Modell eine dritte Förderebene vor.

Es wird angenommen, dass etwa ein bis fünf Prozent aller Schulkinder einer Förderung auf der dritten Förderebene bedürfen. Diese Kinder erhalten nun eine nochmalig intensivierte und individualisierte Förderung, diesmal allerdings nicht durch die Regelschullehrkraft, sondern durch einen Spezialisten, meist einen Sonderpädagogen. Gelingt das Erreichen der curricularen Zielvorgaben der Regelschule auch durch die Maßnahmen auf Ebene drei nicht, steht die Frage einer Zuweisung zu sonderpädagogischen Einrichtungen oder Programmen im Raum, da die „Non-responder" auf dieser Ebene offensichtlich nicht mit den Mitteln der Regelschule ausreichend zu fördern sind. Im deutschsprachigen Raum kommt dies der Definition des sonderpädagogischen Förderbedarfs sehr nahe und man könnte der dritten Ebene deshalb die Aufgabe der Feststellung eines solchen sonderpädagogischen Förderbedarfs zuweisen (Huber und Grosche 2012).

Obwohl sich dieses Modell bei uns großer Beachtung erfreut, zeigen sich bei eingehender Betrachtung doch einige ernst zu nehmenden Schwächen und Probleme. Zunächst einmal sucht man vergebens die evidenzbasierten Unterrichts- und Fördermethoden. Sie liegen nicht vor. Auch mangelt es immer noch an curriculumbasierten Messinstrumenten, die eine zufriedenstellende Testqualität

2.1 Theoretische Grundlagen

bieten. Völlig ungeklärt ist der Punkt, ab dem ein „Non-Responder" wieder zum „Responder" wird oder als bleibender „Non-responder" auf der nächsthöheren Stufe gefördert werden muss. Wie groß muss der Lernerfolg eines Schulkindes nach wie vielen Fördereinheiten sein, sodass es als ausreichend responsiv zu betrachten wäre?

Rödler (2016) fragt kritisch, wo sich das RTI-Modell eigentlich vom hinlänglich bekannten und viel geübten didaktischen Zyklus unterscheidet? In beiden Fällen gestaltet die Lehrkraft einen didaktisch überlegten und begründeten Unterricht, beobachtet, wie ihre Schüler/innen auf ihr pädagogisches Handeln reagieren, reflektiert diese Erfahrung und modifiziert entsprechend ihr didaktisches Angebot. Förderung in Kleingruppen oder gar Einzelförderung in Ausnahmefällen zählt heute zum selbstverständlichen Repertoire jeder Regelschule. Ist die Regelschule mit ihrem Latein am Ende, bemüht sie die sonderpädagogischen Spezialisten.

2.1.2 Lernverlaufsdiagnostik und Förderdiagnostik

Maier (2014) sieht in der Lernverlaufsdiagnostik – und hier ist er in guter Gesellschaft – ein Reformkonzept mit einer denkbar einfachen Grundidee: Schaue genau hin, was bisher gelernt wurde, und überlege dann, was dies für den weiteren Unterricht bzw. die individuelle Förderung bedeutet. Einmal davon abgesehen, dass diese Feststellung in jedem Didaktiklehrbuch nachzulesen ist und es schwerfällt, hier von einer Reform zu sprechen, werden die Möglichkeiten und Begrenzungen der Lernverlaufsdiagnostik in dieser Aussage sichtbar. Die Lernverlaufsdiagnostik unterstützt und befördert sehr wohl den genauen Blick auf die Lernergebnisse des Unterrichts, sie lässt die Lehrkraft jedoch alleine beim Nachdenken über die Konsequenzen für den künftigen Unterricht und die künftige Förderung. Sie dokumentiert lediglich, was in welchem Zeitraum gelernt wurde und was noch nicht, und stellt damit den Ausgangspunkt für weitere diagnostische Überlegungen dar.

Meyer und Jansen (2016b) ist zuzustimmen, wenn sie schreiben, dass die Leistungsmessung oder die wiederholte Lernstanderhebung zwar eine notwendige Voraussetzung für professionelles Lehren und Unterrichten ist, dass damit jedoch die eigentliche Frage der schulischen Diagnostik noch gar nicht berührt wird, nämlich: Unter welchen Umständen ist es möglich, erfolgreicher in der Schule zu lernen? Im Vordergrund steht für sie nicht das Messen von Leistungen, sondern die Frage, was wie im schulischen Lernprozess verändert werden kann, um Lernen erfolgreicher zu gestalten. Das ist die zentrale Frage, der sich

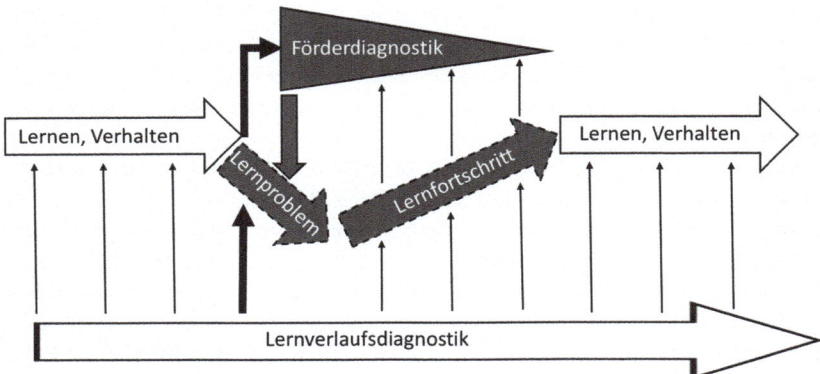

Abb. 2.2 Zusammenwirken von Lernverlaufs- und Förderdiagnostik

die Förderdiagnostik stellt, die Frage nach den Veränderungsnotwendigkeiten und den Veränderungsmöglichkeiten. Die Lehrkraft kontrolliert und überwacht mittels Lernverlaufsdiagnostik die Lernverläufe ihrer Schüler und Schülerinnen und wenn sie Verzögerungen und Abweichungen bemerkt, weiß sie noch nichts über die möglichen Bedingungen und Ursachen für den nicht regelgerechten Lernverlauf und schon gar nichts über notwendige Veränderungen ihres Lernangebots oder zusätzliche unterstützende Fördermaßnahmen. Das findet sie nur mithilfe der Förderdiagnostik heraus. Werden über weitergehende förderdiagnostische Untersuchungen notwendige und mögliche Veränderungen in Unterricht und Förderung identifiziert, hilft die regelmäßige Lernverlaufsdiagnostik bei der Evaluation der neu ergriffenen Interventionsmaßnahmen. Dieses Zusammenwirken von Lernverlaufs- und Förderdiagnostik ist in Abb. 2.2 dargestellt.

2.1.3 Aufgabenkonstruktion

Für die Lernverlaufsdiagnostik werden kurze, schnell durchführbare und ökonomisch auswertbare Tests benötigt, mit denen eine große Anzahl von Messwiederholungen möglich ist, d. h. eine Vielzahl vergleichbarer Paralleltests mit immer neuen, aber homogenen Aufgaben, die alle nachgewiesenermaßen das Gleiche erfassen und gleich schwer sind. Ist die zu erfassende Kompetenz klar definiert, lassen sich die Aufgaben auf zwei Arten und Weisen generieren:

2.1 Theoretische Grundlagen

- über robuste Indikatoren oder
- über ein Curriculum Sampling.

Ein robuster Indikator ist ein Marker oder ein einziger Aufgabentyp, der die untersuchte Kompetenz als Ganzes repräsentiert. Das laute Lesen ist beispielsweise ein robuster Indikator, der als Gesamtmaß für das Lesen gelten kann.

Gibt es aufgrund der Heterogenität und Komplexität des Gegenstands keinen solchen Marker – wie etwa beim Rechnen – müssen Aufgabengruppen zusammengestellt werden, die all diejenigen Teilfertigkeiten repräsentieren, die am Ende eines Lernprozesses oder am Ende eines Schuljahres beherrscht werden sollen. Die anzustrebende Kompetenz ist hier durch die Beherrschung der Aufgabenmenge definiert. Für den Mathematikunterricht der Grundschule muss zum Beispiel ein entsprechendes Curriculum Sampling Aufgaben zur Addition mit und ohne Zehnerübergang, zur Subtraktion mit und ohne Zehnerübergang, zur Multiplikation, Division und zum Umgang mit Größen enthalten (Gebhardt et al. 2015). Die vielen für die wiederholten Messungen zur Verfügung stehenden Aufgaben müssen hohen Qualitätsansprüchen genügen, was nicht so ohne weiteres gelingt und in bestimmten Schulfächern sogar äußerst problematisch ist (Walter 2014).

2.1.4 Effekte auf Lernen und Unterricht

Der Ruf nach evidenzbasierten Interventionen in Schule und Unterricht, nach Handlungsmöglichkeiten mit empirisch nachgewiesener Wirksamkeit wird in den letzten Jahren immer lauter. Dabei orientiert man sich an den Standards der Medizin und Psychologie und fordert für alle Fördermaßnahmen eine Effektivitätsprüfung mit randomisierten Kontrollgruppenstudien oder gar Meta-Studien, in denen die Ergebnisse vieler solcher kontrollierten Studien zusammengefasst werden.

▶ Randomisierte Kontrollgruppenstudien: In solchen Studien werden die Lernzuwächse einer behandelten Experimentalgruppe mit der einer unbehandelten Kontrollgruppe verglichen. Die Zuweisung der Kinder zur Experimental- oder Kontrollgruppe erfolgt jeweils zufällig.

Leider gibt es nur eine sehr begrenzte Anzahl evidenzbasierter pädagogischer Maßnahmen und es erscheint nahezu unmöglich, in absehbarer Zeit evidenzbasierte Lehr-Lern-Methoden für alle Kinder und Jugendlichen in allen Lern- und Verhaltensbereichen bereitzustellen. Durch die zunehmende Leistungsheterogenität in Schulklassen im Rahmen inklusiver Beschulung wird der Effektivitätsnachweis auf so hohem Standard auch immer schwieriger. Die Lernverlaufsdiagnostik bietet nun die Chance, auf pädagogische Konzepte zurückzugreifen, die zwar nicht als evidenzbasiert gelten können, sich aber in der praktischen Arbeit als potenziell wirksam erwiesen haben. Wird ihr erfolgreicher Einsatz im Einzelfall durch lernverlaufsdiagnostische Verfahren sichergestellt, so kann man getrost von einem evidenzbasierten pädagogischen Handeln sprechen. Eine Lehrkraft, die regelmäßig die individuellen Lernerfolge ihrer Schüler und Schülerinnen überprüft, evaluiert quasi auch auf diese Weise die von ihr eingesetzten Lehr-Lern-Methoden (Casale et al. 2015b).

Eine weitere wichtige Funktion von Lernverlaufskontrollen ist die Früherkennung und Prävention von Lernbeeinträchtigungen. Das engmaschige Überwachen des Lernens macht abweichende oder nicht erfolgreich verlaufende Lernprozesse sofort sichtbar und bietet damit die Möglichkeit, rechtzeitig einzuschreiten und das Lernen förderlich zu unterstützen. Möglicherweise werden dadurch sogar ernsthafte Lernstörungen verhindert. Eine Vielzahl von Studien belegt, dass die frühe Intervention das Entstehen von Lern- und Verhaltensstörungen signifikant reduziert (Breitenbach 2012a; Huber und Grosche 2012).

Die Lernverlaufsdiagnostik kann unter diesem Gesichtspunkt ohne weiteres mit Screeningverfahren verglichen werden, die vor allem im vorschulischen Bereich zur Prävention und zum Auffinden von Entwicklungsrisiken eingesetzt werden. Aber auch das Wait-to-fail-Problem könnte über regelmäßige Lernverlaufskontrollen überwunden werden.

Sonderpädagogisches Handeln ist im deutschen Bildungssystem immer noch auf eskalierende Lernverläufe ausgerichtet. Sonderpädagog/innen und die an sie gebundenen Ressourcen können erst abgerufen werden, wenn Lehrkräfte an Allgemeinen Schulen am Ende ihrer Möglichkeiten angelangt sind und über die Feststellung des sonderpädagogischen Förderbedarfs ein massives Lernversagen bestätigt wurde. Dieses Verfahren ist darauf ausgerichtet, dass die Probleme eines Schulkinds umfassend und tief greifend sein müssen, bis sie diagnostisch erfasst werden und sonderpädagogische Unterstützung beantragt werden kann. Bis zum Zeitpunkt des Scheiterns werden die Lehrkräfte an Allgemeinen Schulen mit den stetig wachsenden Problemen alleine gelassen. Mithilfe der Lernverlaufsdiagnostik könnten Lehrkräfte Allgemeiner Schulen frühzeitig auf entstehende Lern- und Verhaltensprobleme aufmerksam werden und entsprechend sonderpädagogische Ressourcen anfordern. Sie müssten nicht mehr warten, bis ein

2.1 Theoretische Grundlagen

sonderpädagogischer Förderbedarf vorliegt und das Kind in den Brunnen gefallen ist, sondern sie könnten präventiv agieren und einen sonderpädagogischen Förderbedarf vielleicht sogar verhindern (Rödler 2016).

Grundsätzlich ist mit der Lernverlaufsdiagnostik die Hoffnung verbunden, dass die lernprozessbegleitende Rückmeldung Kindern die eigene Lernentwicklung aufzeigt, ihnen ihre Lernfortschritte und Kompetenzen bewusst macht und dadurch dazu beiträgt, eine positive Einstellung zum eigenen Lernen sowie Selbstvertrauen zu gewinnen und auch Verantwortung für das eigene Lernen übernehmen zu können (Rensing et al. 2016).

Tatsächlich gibt es, glaubt man Klauer (2014), gut begründete Nachweise, dass regelmäßige Leistungsmessungen mit entsprechenden Rückmeldungen an Lehrkräfte und Schüler/innen die schulischen Leistungen deutlich verbessern können; nur ist dies eben nicht unter allen Bedingungen der Fall. Ergebnisse aus vorliegenden Metaanalysen lassen den Schluss zu, dass formative (also begleitende) Leistungsdiagnosen unabhängig von der Jahrgangsstufe wirken, das Fach jedoch einen erheblichen Einfluss hat.

In naturwissenschaftlichen Fächern finden sich angeblich nur geringe leistungssteigernde Effekte. Rückmeldungen sind besonders wirksam bei bekannten und einfachen Aufgaben. Höhere Lernzuwächse werden im Rechnen nur dann erzielt, wenn zusätzlich zur Rückmeldung Unterstützung angeboten werden kann. Dagegen führt beim Lesen allein die Rückmeldung über Lernverläufe an Schulkinder und Lehrkräfte zu höheren Lernzuwächsen. Zusätzliche Anleitung bringt beim Lesen keine weitere Steigerung des Lernerfolgs (Maier 2014).

Die Effektivität formativer Lerndiagnosen hängt auch nicht unwesentlich vom Ausbildungsstand der Lehrenden ab, von deren Wissen über evidenzbasierte Interventionsmöglichkeiten und von der Fähigkeit, diagnostische Informationen zu nutzen (Walter 2011). Die Studienlage zum Mathematikunterricht zusammenfassend kommt Knopp (2010) zu dem Ergebnis, dass Lernverlaufsdiagnostik den größten Effekt auf das Lernen von Schulkindern hat, wenn

- entsprechend den Untersuchungsergebnissen auch gleich individuelle Fördervorschläge angeboten werden,
- mittels der erhobenen Daten auch Klassenprofile erstellt werden,
- parallel zur Verlaufsdiagnostik auch Kompetenzanalysen der Schüler/innen (Förderdiagnostik) für die Lehrkräfte angeboten werden und
- wenn Experten die Lehrkräfte im Anschluss an Lernverlaufskontrollen bezüglich ihrer Unterrichtgestaltung beraten.

2.2 Methoden

Im englischsprachigen Raum existieren für nahezu alle Bereiche schulischen Lernens zahlreiche Instrumente zur Verlaufsdiagnostik; im deutschen Sprachraum dagegen vorzugsweise für das Lesen und Rechnen. Hinzu kommt, dass diese Verfahren überwiegend Grundfertigkeiten in der Primarstufe fokussieren. In jüngster Zeit werden vereinzelt Versuche unternommen, Methoden zur Lernverlaufsmessung auch für das Rechtschreiben und andere Fächer sowie für die Sekundarstufe zu konstruieren.

> **Beispiel**
> Für eine Lernverlaufsdiagnostik im Bereich Sprachbetrachtung der Sekundarstufe I wurden beispielsweise formative Tests sowie Übungen und Glossare für Facetten der Sprachbetrachtung entwickelt und in einem Moodle-Kurs umgesetzt. Die dreijährige Begleitforschung, an der zehn Realschulen mit 34 Lehrkräften und 820 Schülerinnen und Schülern beteiligt waren, legt nahe, dass eine systematische Nutzung zu Lernzuwächsen in den einzelnen Wissensbereichen führt (Maier 2017).

Kritische Einwände vor allem aus der Praxis, die den hohen zusätzlichen zeitlichen Aufwand der Lernverlaufsdiagnostik betonen und bemängeln, haben dazu geführt, dass „abgespeckte" Versionen entwickelt wurden. In den Niederlanden wird der Lernverlauf in verschiedenen Fächern mithilfe eines landesweiten Monitoringsystems, dem „Leerlingonderwijsvolgessystem" (LOVS), erfasst und dokumentiert, allerdings nur zweimal in jedem Schuljahr (Diehl und Hartke 2011).

In Deutschland überprüft das PC-gestützte Diagnoseverfahren „Fähigkeitsindikatoren Primarschule" (FIPS) den Lernerfolg in der ersten Klasse ebenfalls durch eine zweimalige Untersuchung, und zwar zu Schuljahresbeginn und Schuljahresende. Das Originalverfahren (Performance Indicators in Primary, PIPS) stammt aus England und wurde ins Deutsche übersetzt und für deutsche Schulverhältnisse evaluiert. Erfasst werden der Wortschatz und die Lautbewusstheit oder phonologische Bewusstheit als wichtigste Vorläuferfertigkeiten für den Schriftspracherwerb sowie die Kompetenzen im Lesen und Rechnen (Bäuerlein et al. 2014).

Wenden wir uns nun den Methoden der Lernverlaufsdiagnostik für einzelne schulische Lernbereiche zu.

2.2.1 Lesen

Wie bereits erwähnt, ist das laute Lesen eine geeignete und effiziente Möglichkeit zur Verlaufskontrolle der Lesekompetenz. Als Kompetenzmaß gilt die Anzahl der richtig gelesenen Wörter während einer Minute. Als Fehler werden gewertet:

- Auslassungen, Einfügungen oder Ersetzen von Wörtern,
- zu langes Zögern und
- Fehlaussprache.

Wesentliche Voraussetzung für die Leseverlaufskontrolle sind ausreichend vorhandene gleichschwere Lesetexte. Im deutschsprachigen Raum liegt diesbezüglich mit der „Lernfortschrittsdiagnostik Lesen" (LDL) ein auf seine Güte hin geprüftes entsprechendes Messverfahren vor (Walter 2010a, b). Dem Benutzer stehen 28 gleichschwere Lesetexte zur Verfügung sowie Auswertungsbögen, in die für jedes Kind und jede Messung die Anzahl richtig gelesener Wörter eingetragen wird. Auf diese Weise entsteht auf dem Bogen eine Verlaufskurve, die den individuellen Lernverlauf repräsentiert. Zusätzlich liegen statistische Vergleichsnormen für mehrere Klassenstufen vor. Eine statusdiagnostische Feststellung des Lernstands ist damit ebenfalls möglich. Die LDL kann wegen des lauten Lesens nur in einer Einzeluntersuchung eingesetzt werden.

> **Beispiel**
> In Abb. 2.3 ist die Leseleistung eines Schülers über 36 Wochen hinweg dargestellt und dokumentiert. Auffällig mag zunächst erscheinen, dass sich die Zahl der Lesefehler über die gesamte Zeit hinweg kaum verändert. Dies ist völlig normal, da sich der gute Leser vom schlechten nicht durch die Anzahl der Lesefehler, sondern durch die Lesegeschwindigkeit unterscheidet. Dem guten Leser unterlaufen genauso viele Fehler wie dem schlechten, aber durch das höhere Lesetempo liest er wesentlich mehr Wörter. Bei gleichbleibender Fehlerzahl vermehren sich logischerweise die richtig gelesenen Wörter. Im Lernverlauf des Schülers kann man vier Phasen unterscheiden: In den ersten 12 Wochen (Phase 1) wird der Schüler unterrichtet, ohne dass er dadurch Fortschritte im Lesenlernen erzielt. Der Lehrkraft fällt dies anhand der Verlaufsdiagnostik auf und sie greift zu zusätzlichen individuellen Hilfs- und Fördermaßnahmen, die einen deutlichen Lernzuwachs mit sich bringen (Phase 2). Ab der 23. Woche registriert die Lehrkraft erneut eine Leistungsstagnation

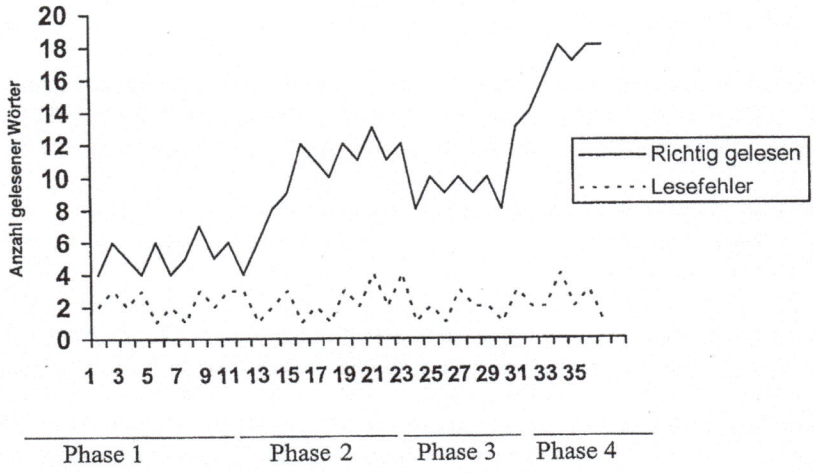

Abb. 2.3 Leseleistung eines Kindes über 36 Wochen (Klauer 2006, S. 19)

und sogar einen Leistungsabfall (Phase 3). Wiederum verändert sie ihr Lehrangebot und greift zu weiteren zusätzlichen Fördermaßnahmen, bis der Schüler wieder erfolgreich lernt (Phase 4).

Neben dem lauten Lesen wird die Maze-Technik als weitere Möglichkeit zur schnellen Überprüfung der Lesekompetenz eingesetzt. Hier wird nun das leise Lesen über eine Dauer von einer bis vier Minuten als Indikator gewählt. In den zu lesenden Textabschnitten befindet sich etwa an der Stelle jedes siebten Wortes eine Klammer mit drei Wörtern zur Auswahl. Eines der angebotenen Wörter lässt sich korrekt und sinnvoll in den Text einpassen; die anderen beiden sind sogenannte Distraktoren oder unpassende, falsche Alternativen. Das Maß der Lesekompetenz ist die Anzahl der korrekt ausgewählten Wörter. Diese Vorgehensweise besitzt den Vorteil, dass sie auch als Gruppenverfahren und computergestützt eingesetzt werden kann. Auch hier hat Walter (2011) mit der „Verlaufsdiagnostik sinnerfassendes Lesen" (VSL) ein entsprechendes evaluiertes und qualitativ anspruchsvolles Messinstrument vorgelegt, das im Kern aus 20 unterschiedlichen parallelen Leseheften besteht. Vergleichsnormen für die zweite bis sechste Klassenstufe liegen ebenfalls vor.

Kritik an all diesen Verfahren melden Jungjohann et al. (2018) an. Sie vermissen konkrete Hilfestellungen zur Implementation in den Unterricht, zur spezifischen Förderung und zu einer schulbezogenen Rückmeldung, wiewohl

2.2 Methoden

dies nachgewiesenermaßen Kriterien für eine erfolgreiche Anwendung sind. Besonders die Verschränkung der Untersuchungsergebnisse mit pädagogischen Zielen und Maßnahmen bleibt den Lehrkräften selbst überlassen. Den Lehrkräften werden keine Materialien zum Umgang mit den Lernverlaufsdaten angeboten. Sie müssen sie eigenständig interpretieren und Konsequenzen für ihre Schüler und Schülerinnen ziehen.

2.2.2 Rechtschreiben

Spezielle Tests zur Lernverlaufsdiagnostik im Rechtschreiben stehen momentan nicht zur Verfügung. Es sieht so aus, als würde fleißig an ihrer Entwicklung gearbeitet, aber bisher ohne durchschlagenden Erfolg. Erprobt und untersucht werden Wortdiktate, bei denen die Lehrkraft im Abstand von sieben Sekunden jeweils eines von 20 Wörtern diktiert. Die immer neuen Wortlisten werden aus einer Art Grundwortschatz per Zufall generiert. Nach zweieinhalb Minuten wäre eine solche Überprüfung zu Ende (Strathmann et al. 2010). Diese Idee aufgreifend unterbreiten Voß et al. (2017) als erstes Ergebnis ihrer Forschungsarbeit einen Vorschlag, wie man zu einem Itempool (Vorrat von vielen Testaufgaben) für die Verlaufsdiagnostik Rechtschreiben kommen könnte.

Lehrkräften bleibt an dieser Stelle und in dieser Situation nichts anderes übrig, als sich zum Beispiel beim internetgestützten diagnostischen System KEKS (Kompetenzerfassung in Kindergarten und Schule) zu bedienen, das Testserien für unterschiedliche Fächer und Klassenstufen anbietet, unter anderem auch für das Rechtschreiben (www.keks-test.de oder www.cornelsen.de/keks/). Als Notlösung kann man auch auf die zahlreich vorhandenen Rechtschreibtests zurückgreifen, die in der Regel zwei unterschiedliche, aber gleichschwere Testversionen bereithalten und somit zumindest zweimal kurz hintereinander durchgeführt werden können.

2.2.3 Rechnen

Mit der „Lernverlaufsdiagnostik – Mathematik für zweite bis vierte Klassen" (LVD-M 2-4) liegt im Fach Rechnen wieder ein evaluiertes und auf seine Qualität hin geprüftes Instrument der Lernverlaufsdiagnostik vor. Ein Computerprogramm, das selbstverständlich per CD mitgeliefert wird, stellt für jedes Kind immer wieder 28 neue, zufällig ausgewählte Rechenaufgaben zusammen, die alle mathematischen Teilfertigkeiten abdecken, die in den Klassenstufen zwei, drei und vier erworben werden (Addition mit und ohne Zehnerübergang, Subtraktion mit und ohne Zehnerübergang, Multiplikation, Division und Umgang mit Größen). Jede

Teilfertigkeit wird durch vier Aufgaben repräsentiert. Der Nachteil dabei ist, dass am Schuljahresanfang bereits das abgefragt wird, was erst im Laufe des Schuljahres gelernt werden soll. Um die Kinder nicht unnötig zu frustrieren, sollte man sie bei jeder Lernverlaufskontrolle auf diesen Sachverhalt ausdrücklich hinweisen. Die Ergebnisse der einzelnen Kontrolluntersuchungen werden in einem Verlaufsdiagramm dargestellt. Über die mitgelieferten statistischen Vergleichsnormen ist zusätzlich eine statusdiagnostische Auswertung der Ergebnisse möglich.

> **Beispiel**
> In Abb. 2.4 ist der Lernverlauf eines Kindes über ein Schuljahr hinweg in den definierten mathematischen Teilfertigkeiten dargestellt, die den Lernerwartungen im Fach Mathematik der zweiten Jahrgangsstufe entsprechen. Je stärker ein Feld geschwärzt ist, desto mehr Aufgaben wurden in der jeweiligen Teilmenge gelöst (siehe Legende unter der Tabelle). Es ist zu erkennen, dass die Addition ohne Zehnerübergang bereits nach drei Monaten sicher

	Sep	Okt	Nov	Dez	Jan	Feb	Mär	Apr	Mai	Jun	Jul
Addition 1	1	2	4	4	4	4	4	4	4	4	4
Addition 2	1	2	4	2	4	4	4	4	4	4	4
Subtraktion 1	keine	keine	1	2	2	1	3	4	4	4	4
Subtraktion 2	keine	2	1	2	2	3	2	4	4	4	2
Multiplikation	keine	keine	1	4	3	3	3	4	4	4	4
Division	keine	keine	1	2	3	3	3	2	4	3	2
Größen	keine	2	1	4	3	3	4	4	4	4	4

(□ keine ░ 1 ▒ 2 ▓ 3 ■ 4 Aufgaben gelöst)

Abb. 2.4 Leistungsentwicklung im Rechnen eines Kindes im zweiten Schuljahr (Klauer 2006, S. 21)

beherrscht wird und die Addition mit Zehnerübergang nach einem halben Jahr. Das Erlernen der Subtraktion bereitete offensichtlich größere Probleme. Sie gelang sicher ohne Zehnerübergang erst nach acht Monaten und mit Zehnerübergang ist der entsprechende Lernprozess noch am Ende des Schuljahres nicht erfolgreich beendet. Das Gleiche gilt auch für die Division, während Multiplikation und der Umgang mit Größen am Ende des ersten Schulhalbjahres zufriedenstellend beherrscht werden.

Rensing et al. (2016) legen für den Mathematikunterricht der vierten Klassen bereits ein erprobtes leitfadengestütztes verlaufsdiagnostisches Verfahren vor, mit dem Lehrkräfte sich ihre eigenen curriculumbasierten Messinstrumente konstruieren können. Sie erläutern die Konstruktionsschritte und geben einen Überblick über die Aufgaben und die ihnen zugrunde liegenden Definitionen.

Obwohl empirische Studien die notwendige Verknüpfung von Lernverlaufsdiagnostik mit sich direkt anschließenden Fördervorschlägen als wesentliche Bedingung für signifikante Lernzuwächse belegen, wird von Kritikern gerade im Bereich mathematischer Kompetenzen eine Passung zwischen Diagnose und Förderung durchgängig vermisst. Immer noch geschieht die Entwicklung von Tests und Fördermaterialien unabhängig voneinander und mit unterschiedlichen Strategien. Fördermaterialien erwachsen in der Regel einem tatsächlichen Förderbedarf in der Praxis und entstehen vor einem didaktischen Hintergrund. Standardisierte Verlaufstests werden meist aus einer theoretischen Perspektive hergeleitet und entstehen vor dem Hintergrund von Entwicklungs- und Erwerbsmodellen. Dennoch gibt es immer wieder einen Überschneidungsbereich in den Inhalten, den die Nutzer/innen allerdings im Dschungel der Test- und Fördermaterialien selbst suchen müssen und hoffentlich auch finden (Fischer et al. 2017).

2.2.4 Verhalten

In den USA als „Direct Behavior Rating" (DBR) entwickelt und an deutsche Verhältnisse adaptiert ist die „Direkte Verhaltensbeobachtung" (DVB) keine Verhaltensbeobachtung im strengen Sinne, vielmehr kann man mit diesem Verfahren über kurz gefasste Skalen spezifische Aspekte des Schülerverhaltens einschätzen. Diese Einschätzung soll aber möglichst direkt nach dem beobachteten Verhalten, zum Beispiel direkt nach einer Unterrichtsstunde erfolgen. Man versucht mit diesem Instrument im Grunde ein Beobachtungsverfahren zu konstruieren, dass keine aufwendige Verhaltensbeobachtung durch einen gesonderten Beobachter nötig macht, aber auch keine reine Verhaltenseinschätzung ist, die auf beiläufig und zufällig über längere Zeit gesammelten Beobachtungen beruht.

Die direkte Verhaltensbeobachtung kann als Kompromiss zwischen Verhaltensbeobachtung und Verhaltenseinschätzung mittels Schätz- oder Ratingskalen verstanden werden. In der englischen Originalfassung wird, so Huber und Rietz (2015), die beste Beobachtungsgenauigkeit in den Teilbereichen „Teilnahme am Unterricht", „störendes Verhalten" und „respektvolles Verhalten" erreicht. Für jeden Verhaltensaspekt gibt es, wie Abb. 2.5 zeigt, eine aus fünf Items bestehende Multiple-Item-Scale (MIS) und eine aus nur einem Item bestehende Single-Item-Scale (SIS). Eine auf Qualität hin geprüfte deutsche Fassung existiert bisher lediglich für den Verhaltensaspekt „störendes Verhalten". Zum Einsatz als verlaufsdiagnostisches Instrument empfehlen Casale et al. (2017) aufgrund ihrer Qualitätsanalysen nur die multiple Skala, die aus folgenden Items besteht:

- verliert die Geduld,
- flucht und benutzt Schimpfwörter,
- zieht über andere Kinder her,
- gerät in verbale Auseinandersetzungen mit Mitschülern und
- ärgert andere.

Störendes Verhalten - MIS					
Wie oft hat die Schülerin/der Schüler in der Situation störende Verhaltensweisen gezeigt?					
1. Verliert die Geduld					
0	1	2	3	4	5
Nie	Selten	Manchmal	Oft	Sehr oft	Immer
2. Flucht und benutzt Schimpfwörter					
0	1	2	3	4	5
Nie	Selten	Manchmal	Oft	Sehr oft	Immer
3. Zieht über andere Kinder her					
0	1	2	3	4	5
Nie	Selten	Manchmal	Oft	Sehr oft	Immer
4. Gerät in verbale Auseinandersetzungen mit Mitschülern					
0	1	2	3	4	5
Nie	Selten	Manchmal	Oft	Sehr oft	Immer
5. Ärgert andere					
0	1	2	3	4	5
Nie	Selten	Manchmal	Oft	Sehr oft	Immer
Störendes Verhalten - SIS					
Wie oft hat die Schülerin/der Schüler in der Situation störende Verhaltensweisen gezeigt?					
0	1	2	3	4	5
Nie	Selten	Manchmal	Oft	Sehr oft	Immer

Abb. 2.5 MIS und SIS zum störenden Schülerverhalten. (Nach Casale et al. 2015b)

Die Lehrkräfte können diese konkreten Verhaltensweisen auf einer sechs-stufigen Likert-Skala einschätzen, die von null (Verhalten tritt nie auf) bis fünf (Verhalten tritt immer auf) reicht. Im Bestreben, weitere direkte Verhaltensbeobachtungsverfahren zur Verlaufsdiagnostik zu entwickeln, haben Casale et al. (2015a, b) aus der ITRF (Integrated Teacher Rating Form) fünf einschlägige Items zum Lern- und Arbeitsverhalten ausgewählt und übersetzt:

- arbeitet konzentriert an seinen Aufgaben,
- befolgt Anweisungen,
- beginnt Aufgaben selbstständig,
- kontrolliert seine eigenen Aufgaben und
- beteiligt sich am Unterricht.

Die Einschätzungen werden wie beim störenden Verhalten entlang einer 6-stufigen Likert-Skala abgegeben. Die Evaluation dieser Einschätzskala erbrachte ebenfalls zufriedenstellende Ergebnisse bei allen Gütekriterien, sodass ihr Einsatz zur Verlaufsdiagnostik von Schülerverhalten empfohlen werden kann (Casale et al. 2015c).

2.2.5 Computergestützte Lernverlaufsdiagnostik

Eine sehr bekannte und vor allem sehr gut auf ihre Qualität hin untersuchte und seit 2008 praktisch erprobte computergestützte Lernverlaufsdiagnostik firmiert im Internet unter dem inhaltsleeren Kunstnamen „Quop". Angeboten wird eine ökonomische, computergestützte Durchführung im Regelunterricht sowie eine automatisierte Auswertung und Dokumentation der Ergebnisse. Teilnehmen können Klassen aller Schulformen, einzelne Lehrkräfte mit ihren Klassen oder gesamte Schulen. Voraussetzung ist mindestens ein internetfähiger Computer.

Über einen individualisierten und passwortgeschützten Zugang loggen sich die einzelnen Schüler/innen ins System ein und bearbeiten auf einer Webseite selbstständig im dreiwöchigen Rhythmus für sie bereitgestellte Lernverlaufstests. Unmittelbar nach der Bearbeitung erfolgt eine Rückmeldung über das erzielte Ergebnis. Die Auswertung erfolgt sowohl für jeden Schüler und jede Schülerin einzeln als auch für die gesamte Klasse, wobei die Ergebnisse jeweils graphisch und tabellarisch dargestellt werden. Lehrkräfte können sich anhand eines individuellen Accounts ebenfalls ins System einloggen und in einem Lehrermenü die Ergebnisse ihrer Schüler/innen abrufen. Das System stellt auch statistische Vergleichsnormen

Übersicht über die Testverfahren

	Klasse 1	Klasse 2	Klasse 3	Klasse 4	Klasse 5 & 6
Lesen	• Phonologische Bewusstheit • Wortverständnis • Satzverständnis	• Wortverständnis • Satzverständnis • Textverständnis	• Lesegeschwindigkeit • Lesegenauigkeit • Leseverständnis textbasiert • Leseverständnis wissensbasiert	• Lesegeschwindigkeit • Lesegenauigkeit • Leseverständnis textbasiert • Leseverständnis wissensbasiert	• Leseflüssigkeit
Mathematik	• Zahlenwissen • Mengen und Größenverständnis • Kontextuelles Mengen und Größenverständnis • Kopfrechnen	• Zahlensinn • Strukturen erkennen • Wahrnehmung • Problemlösen	• Rechenverständnis • Geometrieverständnis • Mengenverständnis	• Zahlen und Operationen • Raum und Form • Daten und Zufall • Größen und Messen	• Arithmetik und Algebra • Geometrie • Stochastik • Funktionen
Englisch					• Lesegeschwindigkeit • Leseverständnis • Wortschatz • Grammatik

Abb. 2.6 Übersicht über die in Quop zur Verfügung stehenden Testverfahren. (Nach https://www.quop.de/de/testinventar vom 29.05.2019)

von entsprechenden Klassen und Gleichaltrigen zur Verfügung. Die Teilnahme ist kostenpflichtig. Die Inhalte der Testverfahren sind für alle Jahrgangsstufen in Abb. 2.6 zusammengestellt. Jeder Test dauert etwa 10 min.

Quop wird ständig wissenschaftlich begleitet und weiterentwickelt. Befragungen der teilnehmenden Lehrkräfte und Schulkinder zeigen eine hohe Zufriedenheit mit dem System. Vor allem die Praktikabilität wird von Lehrkräften hoch eingeschätzt. Die Tests lassen sich gut in den Unterricht integrieren und werden beispielsweise häufig in Freiarbeitsphasen in den Klassen oder in Gruppentestungen in einem Computerraum durchgeführt. Studien mit mehr als 3000 Schüler/innen belegen, dass die einzelnen Tests valide, reliabel und veränderungssensibel messen und auch über eine hohe Vorhersagekraft über mehr als ein Schuljahr hinweg verfügen (Souvignier et al. 2014; Souvignier et al. 2016).

Seit 2015 existiert auch die von den Universitäten Dortmund, Flensburg und Kiel entwickelte Online-Plattform „Lern-Verlaufs-Monitoring (LEVUMI)", auf der Tests zur Lernverlaufskontrolle sowie Fördermaterialien zu den Bereichen Lesen, Rechtschreiben, Rechnen und Verhalten kostenlos angeboten werden (www.LEVUMI.de).

2.3 Screeningverfahren

▶ Screeningverfahren sind entwicklungspsychologische Kurzverfahren, durch die man relativ schnell eine erste Einschätzung zum Entwicklungsstand eines Kindes erhält (Quaiser-Pohl und Rindermann 2010).

Sie werden wie die Verfahren der Lernprozessdiagnostik regelmäßig in bestimmten zeitlichen Abständen zur Überwachung einzelner Entwicklungsverläufe eingesetzt und dienen somit wie die Lernverlaufsdiagnostik der Früherkennung von Auffälligkeiten und Störungen. Über eine Risikoabschätzung werden aus einer Gruppe von Kindern diejenigen herausgefunden, die Gefahr laufen, eine Entwicklungsstörung auszubilden und insofern mit einem Entwicklungsrisiko behaftet sind. Um den weiteren Entwicklungsverlauf zu prognostizieren, werden die Screeningverfahren zum Beispiel im Rahmen von Vorsorgeuntersuchungen oder kurz vor der Einschulung eingesetzt.

Ihre Durchführung und Auswertung ist wie bei den psychologischen Tests standardisiert, also genau vorgeschrieben. Die Bewertung der erbrachten Leistung erfolgt über kritische Leistungswerte, die eine Grenze zwischen Risiko und Nicht-Risiko markieren. Bei Über- oder Unterschreiten der Grenzwerte werden Risikopunkte verteilt, die sich zu einem Gesamtergebnis oder Gesamtrisiko aufaddieren. Im Untersuchungsergebnis wird daher keine Aussage darüber getroffen, inwieweit die Leistung als altersgemäß zu bewerten ist, sondern nur darüber, ob ein Risiko vorhanden ist oder nicht.

Screeningverfahren sind demzufolge vor allem im vorschulischen Bereich, im Säuglings- und Kleinkindalter von Bedeutung und liegen zur Bestimmung von Entwicklungsrisiken im Bereich der Sprache und zur Risikobewertung beim Schriftspracherwerb in ausreichender Qualität vor. Sie können wiederum als Verlaufsdiagnostik angesehen werden, die nach dem Entdecken eines Risikos eine genaue und weitergehende diagnostische Abklärung im Sinne einer Förderdiagnostik nach sich ziehen sollte. Screeningverfahren sind im medizinischen Paradigma vergleichbar mit dem Messen des Pulses oder des Blutdrucks. Werden die feststehenden Grenzwerte nicht eingehalten, ist das für den Arzt ein Hinweis auf Krankheit; durch weitere Untersuchungen versucht er die vorliegende Krankheit zu spezifizieren.

Zur Konstruktion von Screeningverfahren braucht es wie in der Lernprozessdiagnostik Marker, die nun aber nicht einen Lernprozess, sondern einen spezifischen Entwicklungsverlauf repräsentieren und im jeweiligen Entwicklungsbereich verlässlich Auskunft über den Entwicklungsstand geben. Ein solcher Marker ist zum Beispiel der Wortschatz für die Sprachentwicklung oder die phonologische Bewusstheit für die Risikoabschätzung beim Schriftspracherwerb (Breitenbach 2012b).

Ein qualitativ gutes Screeningverfahren zeigt nur dann ein Risiko an, wenn die Entwicklungsverzögerung mit hoher Wahrscheinlichkeit auch eintreten würde. Die Qualität besteht also in der Güte der Vorhersage, die in der Sensitivität, der Spezifität und dem RATZ-Index (Relativer Anstieg der Trefferquote gegenüber der Zufallstrefferquote) zum Ausdruck kommt. Die Kombination der Vorhersage über das Eintreten oder Nichteintreten einer Entwicklungsstörung mit dem Vorhandensein oder Nichtvorhandensein eines Risikos führt zu folgenden vier – in Abb. 2.7 – dargestellten Möglichkeiten:

- Das Risiko wird festgestellt und die prognostizierte Entwicklungsstörung tritt ein. Die Prognose war richtig positiv.
- Das Risiko wird festgestellt und die prognostizierte Entwicklungsstörung tritt nicht ein. Die Prognose war falsch positiv.
- Das Risiko wird nicht erkannt, aber die Entwicklungsstörung tritt ein. Diese Prognose war falsch negativ.
- Es wird kein Risiko festgestellt und es tritt auch keine Entwicklungsstörung ein. Die Prognose war in diesem Fall richtig negativ (Kany und Schöler 2009).

Die Sensitivität eines Verfahrens gibt den Anteil der Kinder mit einer Entwicklungsstörung an, deren Risiko erkannt wurde und bei denen die Vorhersage dementsprechend richtig positiv war. Die Spezifität dagegen beziffert den Anteil der Kinder, die keine Entwicklungsstörung entwickelten und bei denen auch kein Risiko erkannt wurde. Deren Prognose war deshalb ebenfalls richtig, aber eben negativ.

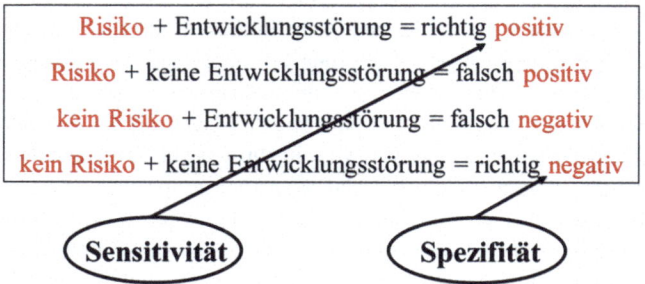

Abb. 2.7 Sensitivität und Spezifität eines Screeningverfahrens

Im Bereich der Sprachentwicklung existieren hochwertige Screeningverfahren, die bereits eine Risikoprüfung am Ende des ersten Lebensjahres zulassen. Bei vorhandenem Entwicklungsrisiko können spezifische Sprachentwicklungstests eingesetzt werden (Breitenbach 2012b).

Seit Vorläuferfertigkeiten für den Schriftspracherwerb und den Erwerb des Rechnens bekannt sind, wurden Screeningverfahren entwickelt, die mehr oder weniger gut den Schulerfolg im Lesen, Rechtschreiben und Rechnen vorhersagen. Einige Monate vor der Einschulung werden die Vorläuferfertigkeiten überprüft und auf der Grundlage der Untersuchungsergebnisse wird eine Risikoabschätzung vorgenommen. Nähere Angaben zu den Vorläuferfertigkeiten und ihrer Erfassung finden sich für den Schriftspracherwerb bei Breitenbach und Weiland (2010) und für den Erwerb des Rechnens bei Landerl et al. (2017). Wie zu Beginn des Kapitels bereits erwähnt, mahnen neuere Untersuchungen jedoch zur Vorsicht, vor allem bei den vielbenutzten und hochgelobten Screening-Verfahren im Schriftspracherwerbsprozess, die angeblich keine ausreichend sicheren Prognosen zulassen. Genaueres dazu kann man bei Hippmann et al. (2016) nachlesen.

Einen kostenlosen Risiko-Kalkulator, mit dessen Hilfe man zu Beginn der Grundschulzeit auf der Basis des Screening-Verfahrens ZAREKI-K (Neuropsychologische Testbatterie für Zahlenverarbeitung und Rechnen bei Kindern – Kindergartenversion) eine spätere Rechenschwäche prognostizieren kann, bietet Walter (2016). Besonders interessant macht diesen Risiko-Kalkulator die Tatsache, dass er bereits mit weniger als der Hälfte der ZAREKI-K-Untertests funktioniert. Anstelle von 19 Untertests müssen nur acht durchgeführt werden.

2.4 Zusammenfassung

Die Lernverlaufsdiagnostik, deren Vorläufer das in den USA entwickelte Curriculumbasierte Messen ist, meint ein kontinuierliches Überwachen und Rückmelden der Lernleistungen, um den Unterricht und das schulische Lernen zu optimieren. Sie ist keine Alternative zur Förderdiagnostik, sondern mit ihr werden frühzeitig Lernprobleme erkannt, die dann mithilfe der Förderdiagnostik genauer analysiert werden. Nur so finden Lehrkräften heraus, wie sie ihren Unterricht verändern müssen und welche Schüler/innen welcher zusätzlichen Fördermaßnahmen bedürfen. Die vielen zur wiederholten Leistungsmessung erforderlichen Aufgaben lassen sich einmal über robuste Indikatoren oder über ein Curriculum Sampling konstruieren. Darüber hinaus muss sichergestellt sein, dass alle Aufgaben dasselbe messen, den gleichen Schwierigkeitsgrad besitzen und ausreichend änderungssensibel sind, sodass die Veränderungen im Lernen und Verhalten auch tatsächlich verlässlich erfasst werden. Die meisten und qualitativ besten Instrumente zur Lernverlaufskontrolle existieren in den Lernbereichen Lesen und Mathematik. Im Bereich Rechtschreiben befinden sich die Entwicklungsbemühungen noch ziemlich am Anfang, im Verhaltensbereich sind erste vielversprechende Verlaufskontrollinstrumente aus dem angloamerikanischen Sprachraum adaptiert und mit Erfolg erprobt. Besonders ökonomisch und gut in den Unterricht integrierbar scheint die computergestützte Lernverlaufsdiagnostik zu sein, die internetgestützt jedem Schüler und jeder Schülerin alle drei Wochen vor allem im Lesen und Rechnen Kontrollaufgaben anbietet und sofort nach der Prüfung das Lernergebnis an Schüler/innen und Lehrkräfte zurückmeldet. Der regelmäßigen Kontrolle wichtiger Entwicklungsverläufe vor allem im Vorschulalter mit Hilfe von Screeningverfahren kommt eine besondere präventive Bedeutung zu.

2.5   Weiterführende Literatur

Einen hervorragenden Überblick über den derzeitigen Stand der Verlaufsdiagnostik in Praxis und Theorie gibt der Herausgeberband „Lernverlaufsdiagnostik" von Marcus Hasselhorn, Wolfgang Scheider und Ulrich Trautwein, der in der Reihe Tests und Trends als Band 12 im Hogrefe Verlag 2014 erschienen ist.

Wer sich darüber hinaus für die direkte Verhaltensbeobachtung interessiert, findet weiterführende Informationen bei Huber und Rietz (2015) und wer kritische Anmerkungen zum RTI-Modell sucht, sollte den Zeitschriftenartikel von Rödler (2016) lesen.

2.6   Fragen zur Vertiefung und Reflexion

Welche Kennwerte geben Auskunft über die Güte eines Screeningverfahrens?

Zu welchem Zweck benutzt eine Lehrkraft die Lernverlaufsdiagnostik oder das curriculumbasierte Messen?

Welche Kritikpunkte werden gegenüber dem RTI-Modell geäußert?

Eine Lehrerin beurteilt das störende Verhalten eines Schulkindes sofort nach dem Unterricht mittels einer Schätzskala. Welche Art der Diagnostik wendet sie an?

Literatur

Bäuerlein, K., N. Frank, und W. Schneider. 2014. Fähigkeitsindikatoren Primarschule (FIPS) – Überprüfung des Lernerfolgs in der ersten Klasse. In *Lernverlaufsdiagnostik,* (Tests und Trends, Bd. 12), Hrsg. M. Hasselhorn, W. Schneider, und U. Trautwein, 127–144. Göttingen: Hogrefe.

Breitenbach, E. 2012a. Intensivförderung von lese-rechtschreibschwachen Kindern in der Grundschule. *Empirische Sonderpädagogik* 4:167–182.

Breitenbach, E. 2012b. Grundlagen der Förderdiagnostik. In *Deutschunterricht in Theorie und Praxis. Band 1: Deutsche Sprache in Kindergarten und Vorschule,* Hrsg. H. Günther und W. R. Bindel, 96–129. Baltmannsweiler: Schneider Hohengeren.

Breitenbach, E. und K. Weiland. 2010. *Förderung bei Lese-Rechtschreibschwäche.* Stuttgart: Koohlhammer.

Casale, G., M. Grosche, R.J. Volpe, und T. Hennemann. 2017. Zuverlässigkeit von Verhaltensverlaufsdiagnostik über Rater und Messzeitpunkte bei Schülern mit externalisierenden Verhaltensproblemen. *Empirische Sonderpädagogik* 2:143–164.

Casale, G., T. Hennemann, C. Huber, und M. Grosche. 2015a. Testgütekriterien der Verlaufsdiagnostik von Schülerverhalten im Förderschwerpunkt emotionale und soziale Entwicklung. *Heilpädagogische Forschung* 41:37–54.

Casale, G., T. Hennemann, und M. Grosche. 2015b. Zum Beitrag der Verlaufsdiagnostik für evidenzbasierte sonderpädagogische Praxis am Beispiel des Förderschwerpunktes der emotionalen und sozialen Entwicklung. *Empirische Sonderpädagogik* 66:325–334.

Casale, G., T. Hennemann, R.J. Volpe, A.M. Briesch, und M. Grosche. 2015c. Generalisierbarkeit und Zuverlässigkeit von Direkten Verhaltensbeurteilungen des Lern- und Arbeitsverhaltens in einer inklusiven Grundschulklasse. *Empirische Sonderpädagogik* 7:258–268.

Diehl, K., und B. Hartke. 2011. Zur Reliabilität und Validität des formativen Bewertungssystems IEL-1: Inventar zur Erfassung der Lesekompetenz von Erstklässlern. *Empirische Sonderpädagogik* 3:121–146.

Fischer, U., S. Roesch, und K. Moeller. 2017. Diagnostik und Förderung bei Rechenschwäche. *Lernen und Lernstörungen* 6:25–38.

Gebhardt, M., J. Heine, N. Zeuch, und N. Förster. 2015. Lernverlaufsdiagnostik im Mathematikunterricht der zweiten Klasse: Raschanalysen und Empfehlungen zur Adaptation eines Testverfahrens für den Einsatz in inklusiven Klassen. *Empirische Sonderpädagogik* 7:206–222.

Hippmann, K., S. Jambor-Fahlen, und M. Becker-Mrotzek. 2016. Lesen macht stark. Ein Diagnose- und Förderinstrument für die Grundschule. *Lernen und Lernstörungen* 5:58–68.

Huber, C., und M. Grosche. 2012. Das response-to-intervention-Modell als Grundlage für einen inklusiven Paradigmenwechsel. *Zeitschrift für Heilpädagogik* 8:312–322.

Huber, C., und C. Rietz. 2015. Direct Behavior Rating (DBR) als Methode zur Verhaltensverlaufsdiagnostik in der Schule: Ein systematisches Review von Methodenstudien. *Empirische Sonderpädagogik* 7:75–98.

Jungjohann, J., A. Gegenfurtner, und M. Gebhardt. 2018. Systematisches Review von Lernverlaufsmessung im Bereich der frühen Leseflüssigkeit. *Empirische Sonderpädagogik* 10:100–118.

Kany, W., und H. Schöler. 2009. *Diagnostik schulischer Lern- und Leistungsschwierigkeiten.* Stuttgart: Kohlhammer.

Klauer, K.J. 2006. Erfassung des Lernfortschritts durch curriculumbasiertes Messen. *Heilpädagogische Forschung* 32:16–26.

Klauer, J. 2014. Formative Leistungsdiagnostik: Historischer Hintergrund und Weiterentwicklung zur Lernverlaufsdiagnostik. In *Lernverlaufsdiagnostik* (Tests und Trends, Bd. 12), Hrsg. M. Hasselhorn, W. Schneider, und U. Trautwein, 1–17, Göttingen: Hogrefe.

Knopp, E. 2010. Curriculum-based measurement – Eine Möglichkeit zur Prävention von Schwierigkeiten im Anfangsunterricht Mathematik? *Sonderpädagogische Förderung heute* 55:61–82.

Landerl, K., S. Vogel, und L. Kaufmann. 2017. *Dyskalkulie: Modelle, Diagnostik, Intervention*, 3. Aufl. München: Ernst Reinhardt.

Limbach-Reich, A. 2015. „Response to Intervention" (RTI) im Spannungsfeld Inklusiver Diagnostik. In *Handbuch Inklusive Diagnostik*, Hrsg. H. Schäfer und C. Rittmeyer, 478–495. Weinheim: Beltz.

Maier, U. 2014. Formative Leistungsdiagnostik in der Sekundarstufe – Grundlegende Fragen, domänenspezifische Verfahren und empirische Befunde. In *Lernverlaufsdiagnostik* (Tests und Trends, Bd. 12), Hrsg. M. Hasselhorn, W. Schneider, und U. Trautwein, 19–39. Göttingen: Hogrefe.

Maier, U. 2017. Verlaufsdiagnostik und Förderung im Lernbereich Sprachbetrachtung in der Sekundarstufe I mit Moodle. *Empirische Sonderpädagogik* 2:68–115.

Marx, P., und W. Lenhard. 2010. Diagnostische Merkmale von Screeningverfahren. In *Frühprognose schulischer Kompetenzen*, Hrsg. M. Hasselhorn und W. Schneider, 68–84. Göttingen: Hogrefe.

Meyer, M., und C. Jansen. 2016b. Partizipation und Diagnostik. In *Partizipation und Diagnostik*, Hrsg. M. Meyer und C. Jansen, 203–213. Bad Heilbrunn: Klinkhardt.

Quaiser-Pohl, C., und H. Rindermann. 2010. *Entwicklungsdiagnostik*. München: Ernst Reinhardt.

Rensing, J., C. Käter, T. Käter, und C. Hillenbrand. 2016. Konstruktion und Überprüfung eines curriculumbasierten Testverfahrens im Fach Mathematik für die vierte Klasse. *Empirische Sonderpädagogik* 4:346–366.

Rödler, P. 2016. RTI – ein Konzept der Enkulturierung von Lernen. In *Diagnostik im Kontext inklusiver Bildung. Theorien, Ambivalenzen, Akteure, Konzepte*, Hrsg. B. Amrhein, 232–242. Bad Heilbrunn: Klinkhardt.

Souvignier, E., N. Förster, und M. Salaschek. 2014. Quop: Ein Ansatz internetbasierter Lernverlaufsdiagnostik mit Testkonzepten zu Lesen und Mathematik. In *Lernverlaufsdiagnostik* (Tests und Trends, Bd. 12), Hrsg. M. Hasselhorn, W. Schneider, und U. Trautwein, 239–256. Göttingen: Hogrefe.

Souvignier, E., N. Förster, und E. Kawohl. 2016. Implementation eines Förderkonzeptes zur diagnosebasierten individuellen Leseförderung in der Grundschule. In *Implementation von Lesefördermaßnahmen Perspektiven auf Gelingensbedingungen und Hindernisse*, Hrsg. M. Phillip und E. Souvignier, 77–98. Münster: Waxmann.

Strathmann, A.M., K.J. Klauer, und M. Greisbach. 2010. Lernverlaufsdiagnostik – Dargestellt am Beispiel der Entwicklung der Rechtschreibkompetenz in der Grundschule. *Empirische Sonderpädagogik* 1:64–77.

Voß, S., S. Sikora, und K. Mahlau. 2017. Vorschlag zur Konzeption eines curriculumbasierten Messverfahrens zur Erfassung der Rechtschreibleistungen im Grundschulbereich. *Empirische Sonderpädagogik* 2:184–194.

Walter, J. 2010a. *Lernfortschrittsdiagnostik Lesen (LDL) Ein curriculumbasiertes Verfahren.* Göttingen: Hogrefe.

Walter, J. 2010b. Lernfortschrittsdiagnostik am Beispiel der Lesekompetenz (LDL): Messtechnische Grundlagen sowie Befunde über zu erwartende Zuwachsraten während der Grundschulzeit. *Heilpädagogische Forschung* 36:162–176.

Walter, J. 2011. Die Messung der Entwicklung der Lesekompetenz im Dienste der systematischen formativen Evaluation von Lehr- und Lernprozessen. *Zeitschrift für Heilpädagogik* 62:204–217.

Walter, J. 2014. Lernfortschrittsdiagnostik Lesen (LDL) und Verlaufsdiagnostik sinnerfassendes Lesen (VSL): Zwei Verfahren als Instrumente einer formativ orientierten Lesediagnostik. In *Lernverlaufsdiagnostik* (Tests und Trends, Bd. 12), Hrsg. M. Hasselhorn, W. Schneider, und U. Trautwein, 165–201. Göttingen: Hogrefe.

Walter, J. 2016. Lassen sich mit Hilfe des Screening-Verfahrens ZAREKI-K am Anfang der Grundschulzeit valide prognostisch-klassifikatorische Aussagen bezüglich einer späteren Rechenschwäche machen? *Heilpädagogische Forschung* 42:125–141.

Förderdiagnostik 3

> **Zusammenfassung**
>
> Um das Konzept Förderdiagnostik zu fassen, ist zunächst eine Auseinandersetzung mit seinen theoretischen Grundlagen zwingend, um dann in einem zweiten Schritt die praktische Seite oder die Umsetzung in konkretes diagnostisches Handeln über die Beschreibung von förderdiagnostischen Methoden zu berücksichtigen. Der problembeladene Förderbegriff und der ebenso vage Begriff des Förderbedarfs und Förderplans stehen genauso im Zentrum theoretischer Grundlegung wie die Bestimmungsstücke der Förderdiagnostik, die das typische dieser ureigenen sonderpädagogischen Diagnostik herausstellen. Die Analyse der einschlägigen Fachliteratur legt folgende Bestimmungsstücke nahe: Lernprozesse analysieren, die Situation, den Kontext einbeziehen, Diagnose und Förderung konsequent miteinander verknüpfen, vorgeordnete Theorien und Wertvorstellungen mitdenken und sich an den Kompetenzen orientieren (Breitenbach, Unterricht in Diagnose- und Förderklassen, Julius Klinkhardt, Bad Heilbrunn, 2014). Das Kapitel beenden Überlegungen zum Verhältnis von Förderdiagnostik und Diagnostik in der inklusiven Schule.

3.1 Begriffsbestimmung

Nimmt man den Begriff des Förderns oder der Förderung ein wenig genauer unter die Lupe, fällt als Erstes seine fast inflationäre Verwendung auf. Sucht man im deutschsprachigen Raum nach Definitionen, findet man sinngemäß folgende: Förderung bedeutet eine helfende Unterstützung zwecks Entwicklung (Greving und Ondracek 2005). Im Stichwortkatalog einschlägiger erziehungswissenschaftlicher Standardwerke kommt der Förderbegriff überhaupt nicht und in sonderpädagogischen Werken nur sehr selten vor. Das Urteil renommierter Autoren über die dort zu findenden Definitionsversuche ist vernichtend. Für Theunissen (2013) liegt hier eine kaum tragfähige Definition vor, die vage und unspezifisch ist. Es besteht die Gefahr, dass sie zur Leerformel und somit ideologieanfällig wird. Speck (2012) kommt zu einem ähnlichen Ergebnis: Seine Überdehnung mache den Begriff fragwürdig. Er lasse sich nicht hinreichend klar definieren, sei schwer kontrollierbar, missverständlich und irreführend.

Obwohl der Begriff des Förderns kaum inhaltlich zu fassen ist und als Fachterminus im Grunde nicht zur Verfügung steht, soll der weiteren theoretischen Erörterung eine klärende Definition des Begriffs Förderdiagnostik vorangestellt werden. Dieser Begriff taucht in der sonderpädagogischen Fachliteratur etwa ab Mitte der 70er Jahre auf und wurde von Anfang an als Gegenspieler zur Zuweisungs- oder Platzierungsdiagnostik (vgl. Kap. 1) verstanden. Mitte der 80er Jahre entstand eine heftige Debatte um die Konzeptualisierung der Förderdiagnostik: Was ist Förderdiagnostik und wie lässt sie sich theoretisch begründen? Einigkeit herrschte schnell darüber, dass die Förderdiagnostik klar von der bisherigen individuumzentrierten und stark am medizinischen Modell orientierten Diagnostik abzugrenzen ist und das soziale Umfeld, wie zum Beispiel Schule und Familie, unbedingt in die Ursachensuche für Lern- und Entwicklungsbeeinträchtigungen einbezogen werden muss. Alle theoretischen Konzepte stellten als Charakteristikum für die Förderdiagnostik eine enge und systematische Verknüpfung von diagnostischem und pädagogischem Handeln heraus.

▶ Förderdiagnostik ist eine handlungsorientierte Diagnostik, die nach Fördernotwendigkeiten oder Förderbedürfnissen und Fördermöglichkeiten oder Förderkonzepten sucht und somit eine Einheit von Diagnostik und Förderung herstellt. Förderdiagnostik besteht aus Diagnostik und Förderung.

3.2 Förderbedarf und Förderplan

Die Empfehlungen der Kultusministerkonferenz aus dem Jahr 1994 zeichnen letztendlich für den Begriff des Förderbedarfs verantwortlich. Der sonderpädagogische Förderbedarf sollte den alten und längst überholten, nicht mehr zeitgemäßen und diskriminierenden Begriff der Sonderschulbedürftigkeit ablösen. Der Förderbedarf wurde im Gegensatz zur Sonderschulbedürftigkeit nicht mehr institutionsbezogen, sondern eben personbezogen definiert. Im Rahmen förderdiagnostischer Bemühungen sollte ein Förderbedarf beschrieben werden, der ausgehend von den

3.2 Förderbedarf und Förderplan

Bildungsbedürfnissen eines Kindes ein Förderkonzept erstellte, das sowohl Ziele und Inhalte als auch Methoden zur Vermittlung der Inhalte und zum Erreichen der Ziele enthielt. Die Frage, an welcher Institution der bestehende Förderbedarf gedeckt werden könnte, blieb ganz bewusst offen. Erst nach Feststellung des Förderbedarfs sollte über den Förderort nachgedacht und dieser bestimmt werden. Man bezog sich dabei auf Entwicklungen in den USA und England, die den angeblich diskriminierenden Begriff der Behinderung vermieden und stattdessen von „special educational needs" sprachen. In der Folge wurden Sonderschulen zu Förderschulen oder Förderzentren umbenannt, aus der Sonderpädagogik wurde eine Förderpädagogik mit unterschiedlichen Förderschwerpunkten.

Um den Förderort oder den Einsatz sonderpädagogischer Ressourcen zu bestimmen und zu rechtfertigen unterscheidet man in manchen Bundesländern bis heute den individuellen oder erhöhten Förderbedarf vom sonderpädagogischen. Ersterer ist gegeben, wenn ein Kind vorübergehend in einzelnen Lerngegenständen oder für einen kurzen Zeitraum generell Hilfe und Zuwendung vom Lehrer braucht und Letzterer, wenn dauerhafte sonderpädagogische Betreuung erforderlich ist.

Entsprechend sparen Sonderpädagog/innen auch nicht mit Kritik an diesem Begriff. Der Hauptvorwurf lautet: Der neue Begriff des (sonderpädagogischen) Förderbedarfs werde vor allem von Bildungsverwaltung und Bildungspolitik benutzt, um sprachlich eine fundamentale Veränderung zu suggerieren, wo im Grund alles beim Alten geblieben ist. Das sonderpädagogische Handeln wird weiterhin zweifelsfrei institutionsbezogen legitimiert und der Förderbedarf wird wie die Sonderschulbedürftigkeit als institutionelle, verwaltungstechnische Kategorie benutzt. Ähnliches gilt auch für die Überwindung des Begriffs der Behinderung durch den des Förderns. Auch die Behinderung bleibt heimliche Bezugsgröße, wenn es um den Förderbedarf geht (Lindmeier und Lindmeier 2012; Schuck 2016).

Im Zusammenhang mit der Definition des Förderbedarfs wurden der Förderdiagnostik, die man als Überwindung der alten „bösen" Zuweisungs- und Selektionsdiagnostik feierte, per definitionem zwei Aufgaben zugewiesen: Zunächst sollte der Förderbedarf geklärt werden und anschließend ein geeigneter Förderort gesucht und festgelegt werden. Mit dem Begriff der neuen „guten" Förderdiagnostik wird hier ungeniert die Frage der Selektion bzw. der Platzierung hinter der pädagogisch harmlosen Frage nach angemessener Förderung versteckt. Es geht in erster Linie und vor allem um die Förderung der Kinder, wird signalisiert. Dass aber mit der gleichzeitig stattfindenden Festlegung des Förderortes auch Schullaufbahnen und Lebenswege mitbestimmt und dass bei dieser Gelegenheit Entwicklungs- und Lebenschancen verteilt werden, bleibt eher im Verborgenen und Teil eines heimlichen oder besser unheimlichen Curriculums. Die Begriffe Förderung und Förderbedarf verschleiern an dieser Stelle Zusammenhänge und verharmlosen wichtige, bedeutsame Aspekte.

Mittlerweile wurde ein weiterer aus dem angloamerikanischen Sprachbereich stammender Begriff in unsere Schulpädagogik übernommen: der Förderplan oder der individuelle Entwicklungsplan (engl. Individual Education Plan, IEP). Mit seiner Hilfe wird zunächst die Ausgangslage oder der Ist-Zustand mit intrapersonalen und externen Ressourcen beschrieben. Daran anschließend werden Förder- und Entwicklungsziele, also der Soll-Zustand festlegt und die entsprechenden pädagogischen Maßnahmen und Methoden so operationalisiert, dass diese in bestimmten Abständen evaluiert werden können (Melzer 2010).

In fast allen Bundesländern ist der Förderplan an Schulen verbindlich eingeführt und jede Lehrkraft muss ihn zumindest für jedes Kind mit Förderbedarf aufstellen. Konkrete Gestaltungsvorschläge für Förderpläne findet man bei Bundschuh et al. (2007) und Melzer (2010). Ein Instrument, das die Umsetzung eines Förderplans begleitend evaluiert, bietet Uhlemann (2011) mit ihrer praxiserprobten Förderverlaufsdokumentation (FVD) an. Es handelt sich im Kern um eine Excel-Version, die handschriftlich und digital geführt werden kann und deren Gebrauch durch ein Handbuch erläutert wird.

Für die Verwendung solcher Förderpläne spricht Folgendes:

- Förderpläne legitimieren und dokumentieren den Förderbedarf gegenüber der Schulaufsichtsbehörde, den Kollegen und Kolleginnen und den Eltern.
- Förderpläne sind organisatorische Koordinations- und Strukturierungshilfen. Sie regeln die Zuständigkeiten und Aufgaben in einem interdisziplinären Team, vor allem wenn es nicht nur aus innerschulischen, sondern auch aus außerschulischen Mitgliedern besteht.
- Förderpläne helfen, die ergriffenen und geplanten Maßnahmen konsequent und streng an den Förderzielen auszurichten. Sie fördern vor allem das Verfolgen langfristiger Lern- und Entwicklungsziele. Einmal in den Plan aufgenommen, geraten sie auch über einen längeren Zeitraum nicht so leicht in Vergessenheit.
- Förderpläne schaffen grundsätzlich mehr Transparenz und Klarheit für alle am Förderprozess Beteiligten. Sie bilden eine gute Grundlage für Team- und Elterngespräche oder für Vereinbarungen mit Kindern und Jugendlichen.
- Förderpläne erleichtern die Selbstkontrolle der eigenen Lehrtätigkeit und die Evaluation der vereinbarten Interventionen (Tab. 3.1).

3.2 Förderbedarf und Förderplan

Tab. 3.1 Vor- und Nachteile von Förderplänen

Vorteile	Nachteile
Legitimation und Dokumentation des Förderbedarfs	Individualisierung verhindert inklusiven Unterricht
Koordinations- und Strukturierungshilfe	Technokratisierung von Pädagogik
Verfolgen langfristiger Förderziele	Zweiklassendidaktik
Transparenz und Klarheit	Kontrollinstrument der Schulbehörde
Selbstkontrolle und Evaluation	Bürokratischer Formalismus, Belastung

Den Vorteilen stehen jedoch auch nicht zu unterschätzende Nachteile gegenüber. Viele Lehrkräfte sehen im Förderplan einen weiteren bürokratischen Formalismus, der lediglich ihre Arbeitsbelastung erhöht und die Schülerakte aufbläht. Nebenbei dient er auch noch als Kontrollinstrument der Schulbehörden zur Überwachung und Gängelung ihrer Lehrkräfte. Er fördert, so die Kritiker weiter, ein eher technokratisches Verständnis von Unterricht und Erziehung und legt einen Lehr-Lern-Kurzschluss nahe. Förderpläne suggerieren die irrige Auffassung, dass sich die gewünschten Veränderungen bei Kindern und Jugendlichen dann vollziehen, wenn nur die Ziele und Interventionen fein genug operationalisiert werden und ein Zeitrahmen für ihre Umsetzung exakt festgelegt ist. Es wird der Eindruck erweckt, als ob dieser formale Akt entscheidend sei für Erziehung und Unterricht und bereits automatisch eine Qualitätssteigerung der pädagogischen Arbeit mit sich bringe. Wiewohl doch jeder Fachkundige weiß, dass schlechter Unterricht schlecht bleibt, auch wenn er minutiös geplant und detailliert dokumentiert wird, und dass der pädagogische Alltag eher von situativ bedingten Planabweichungen und scheiternden Versuchen geprägt ist denn von sturem planmäßigen Vorgehen.

Zu guter Letzt wird gegen die Förderpläne ins Feld geführt, dass sie durch eine extreme Individualisierung den inklusiven Unterricht behindern und häufig zu einer isolierenden Einzelförderung führen oder auch zu einer Zweiklassendidaktik, die zwischen Kindern mit und ohne individuellen Förderplan unterscheidet. Eine Reihe von Studien offenbaren darüber hinaus die schlechte Qualität der in der Praxis erstellten Förderpläne. Nützliche Informationen fehlen, Förderziele sind zu vage, manchmal zu umfangreich formuliert und die Bezüge der diagnostischen Maßnahmen, der Interventionen und der Evaluation zu den Förderzielen bleiben unklar (Müller et al. 2017).

Sind sich Lehrkräfte und Vertreter der Schulverwaltung der Nachteile von Förderplänen bewusst, lassen sich die ungünstigen Auswirkungen deutlich reduzieren; es überwiegen dann letztendlich die Vorteile.

3.3 Merkmale der Förderdiagnostik

Die hier angeführten Merkmale gelten nicht ausschließlich für die Förderdiagnostik und heben diese nicht trennscharf von anderen diagnostischen Konzepten ab, aber sie sind im Zusammenhang mit der Förderdiagnostik in besonderer Weise bedeutsam und beschreiben förderdiagnostisches Handeln treffend.

3.3.1 Lernprozesse analysieren

Im Gegensatz zur Lernverlaufsdiagnostik (vgl. Kap. 2) geht es bei der Förderdiagnostik nicht darum, den Verlauf von Lernprozessen in der Zeit abzubilden, sondern um die Analyse von Lernprozessen. Förderdiagnostik geht der Frage nach, wie lernt ein Kind, was sind seine nächsten Lernschritte und wie kann es beim Gehen dieser Schritte unterstützt werden?

Beispiel
Der sowjetische Psychologe Lew Wygotski (2002; die russische Originalausgabe erschien 1934 und die erste deutsche Fassung 1964) berichtet über seine Erfahrungen und Erkenntnisse mit der Untersuchung eines geistig behinderten Zwillingspaares und verdeutlicht damit recht gut, was mit Lernprozessdiagnostik im förderdiagnostischen Sinne gemeint ist und dass die Analyse von Lernprozessen tatsächlich charakteristisch für die Förderdiagnostik ist. Er legte in seiner Untersuchung beiden Kindern die gleichen immer schwerer werdenden Aufgaben vor und beide lösten selbstständig dieselbe Anzahl von Aufgaben. Beide scheiterten an derselben Aufgabenschwierigkeit. Hätte er die Diagnostik an diesem Punkt beendet, wäre er zu dem Ergebnis gelangt: Beide Kinder sind im untersuchten Bereich gleich weit entwickelt und verfügen dort über die gleichen Fähigkeiten und Kompetenzen. Mit diesem Untersuchungsergebnis gab sich Wygotski jedoch nicht zufrieden. Er suchte für beide solange nach unterschiedlichen Hilfen, bis sie für die zunächst zu schwierigen Aufgaben mit seiner Unterstützung die richtigen Lösungen fanden. Mit dieser Methode, die er die systematische Aufgabenvariation nannte, löste das eine

3.3 Merkmale der Förderdiagnostik

Zwillingskind noch zwei weitere schwierigere Aufgaben und das andere vier. Ohne die systematische Aufgabenvariation hätte er fälschlicherweise für beide Zwillingskinder gleiche Fähigkeiten und Kompetenzen angenommen. Die systematische Aufgabenvariation zeigte ihm jedoch, dass die beiden eben nicht gleich entwickelt waren, sondern sich deutlich in dem unterschieden, was sie mit seiner Hilfe und Unterstützung noch zu leisten in der Lage waren. Sie unterschieden sich also nicht in ihrem aktuellen Entwicklungsstand, sondern in ihren Möglichkeiten, Neues mit Hilfe zu lernen.

In der Folge ging Wygotski (2002) deshalb davon aus, dass es, wie in Abb. 3.1 verdeutlicht, zwei Entwicklungsstände gibt: den aktuellen und den potenziellen.

Der aktuelle Entwicklungsstand ist gekennzeichnet durch Leistungen, die ein Kind ohne jegliche Hilfe selbstständig erbringt, der potenzielle durch die Leistungen, die einem Kind mit Unterstützung möglich sind. Zwischen diesen beiden Entwicklungsständen liegt die Zone der proximalen Entwicklung, die jedes Kind unter der Anleitung kompetenterer Personen (Eltern, Geschwister, Lehrkraft, Erzieher, …) durchschreitet.

Förderdiagnostik ist unter Rückgriff auf dieses Entwicklungs- und Lernmodell die Suche nach dem Weg durch die Zone der proximalen Entwicklung. Auf diesem Weg findet der Förderdiagnostiker mittels der systematischen Aufgabenvariation die spezifischen Lernhilfen, mit denen sich ein Kind die nächsten neuen Lerninhalte aneignen kann. Förderdiagnostik bleibt nicht beim Erfassen des aktuellen Entwicklungsstands stehen, sondern sucht den potenziellen, indem auch Aufgaben vorgelegt werden, die das Kind nicht alleine, sondern nur mit individuellen Lernhilfen bewältigen kann. Förderdiagnostik, die Informationen über das Lernen eines Kindes sucht, beginnt genau dort, wo die Statusdiagnostik endet,

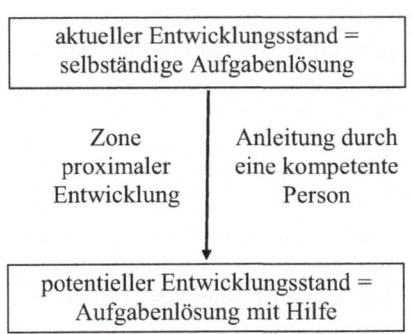

Abb. 3.1 Darstellung der Zone proximaler Entwicklung nach Wygotski (Breitenbach 2014, S. 64)

wo ein Kind an seine Leistungsgrenze stößt, wo das Können ins Nicht-Können umschlägt, wo dem Kind ein Fehler unterläuft. Damit wird tatsächlich der Prozess des Lernens sichtbar und analysierbar und die auf diese Art gefundenen individuellen Lernhilfen stellen die immer wieder geforderte enge Verknüpfung von Diagnostik und Förderung perfekt her. An dieser Stelle geschieht Förderdiagnostik im eigentlichen Sinne.

Kornmann (2010) weist auf die besondere Bedeutung der Lernprozessdiagnostik im Rahmen einer inklusiv orientierten pädagogischen Praxis hin, da aufgrund der großen Heterogenität der Kinder Kenntnisse über deren ganz unterschiedliche Lernvoraussetzungen unerlässlich sind. Ziemen (2016) geht bei ihren Überlegungen zur inklusiven Diagnostik in Anlehnung an Wygotski (2002) von einer Zone der aktuellen Entwicklung (gegenwärtige Kompetenzen, Interessen, Motivation) und einer Zone der proximalen Entwicklung (Lernmöglichkeiten mit Unterstützung) aus und bezeichnet diese als die wesentlichen Bestimmungsstücke der inklusiven Diagnostik.

3.3.2 Kontext einbeziehen

Mittlerweile ist es zu einer diagnostischen Selbstverständlichkeit geworden, Lernen und Verhalten im sozialen und situativen Kontext zu betrachten. Mit Kontext sind alle relevanten personellen und materiellen Gegebenheiten im Umfeld eines Kindes gemeint. Dazu gehören vor allem die schulischen und häuslich-familiären Bedingungen, die die Entwicklung eines Kindes behindern oder gefährden oder dafür besonders förderlich sind, sowie die Beziehungen zu Gleichaltrigen.

Dieser diagnostischen Grundforderung gehorchend, sammeln Diagnostiker/innen oft alle möglichen Informationen über das engere und weitere Umfeld eines Kindes, derer sie habhaft werden können, und stehen dann meist ziemlich ratlos vor einer Fülle von Kontextinformationen ohne recht zu wissen, welche Bedeutung diesen im diagnostischen Prozess zukommen kann, in welchem Zusammenhang die erhobenen Fakten zum Problemverhalten oder zur Fragestellung stehen. Folglich können diese Informationen auch nicht zum Verstehen der vorliegenden Lern- und Entwicklungsproblematik genutzt werden. Die entscheidende Frage lautet also: Welche Informationen über das kindliche Umfeld sind denn relevant, das heißt: im Zusammenhang mit dem vorliegenden Problem, der vorliegenden Frage bedeutsam? Welche Kontextfaktoren prägen zum Beispiel die momentane Lern- und Lebenssituation eines Kindes?

Zur näheren Bestimmung dessen, welche Gegebenheiten bei der Umweltanalyse zu berücksichtigen sind, hilft ein Blick auf das Konzept des Lebensraums

3.3 Merkmale der Förderdiagnostik

von Lewin (1969). Der Lebensraum ist nicht räumlich-zeitlich zu verstehen, sondern psychologisch. Er besteht, wie in Abb. 3.2 zu sehen ist, aus der psychologischen Person und der psychologischen Umwelt. Die psychologische Umwelt eines Individuums enthält nur Gegebenheiten, die für das Individuum gegenwärtig von Bedeutung sind. Physikalische, soziale oder begriffliche Fakten zählen zum Lebensraum nur insofern, als sie sich für eine individuelle Person in ihrem momentanen Zustand als wirksam erweisen. Bedeutsam für das Erleben eines Menschen sind nicht die Fakten als solche, sondern deren funktionelle Möglichkeiten. Im Lebensraum eines Kindes existieren so zum Beispiel nicht einfach bestimmte Erwachsene, sondern nur solche, bei denen man, wenn nötig, Schutz suchen kann, die einem in einer bestimmten Situation behilflich sein können oder die die Macht und das Recht haben, einen zu bestrafen. Räume existieren im Lebensraum als etwas, das beispielsweise das Zusammensein mit anderen ermöglicht, oder als etwas, wo man vor dem Zugriff Erwachsener sicher ist. Ein Stuhl existiert im Lebensraum nicht als Stuhl, sondern als ein Gegenstand, auf den man sich setzen kann, wenn man müde ist, oder worauf man sich knien kann, wenn man als kleines Kind aus dem Fenster schauen möchte. Der Lebensraum unterliegt auch einer ständigen Veränderung. Neue Elemente können zu jeder Zeit in den Lebensraum eintreten, ihn verlassen oder ihre Bedeutung wechseln.

> **Beispiel**
> Ein Junge geht zu seinem Vater und bittet ihn um einen Nachschlag beim Taschengeld, da er mit seinem Freund ins Kino gehen möchte und der noch vorhandene Taschengeldrest dazu nicht mehr ausreicht. Der Vater verweigert, pädagogisch wohlüberlegt, das zusätzliche Taschengeld mit dem Hinweis, sein Sohn müsse lernen, mit dem, was er habe, auszukommen. Er, der Vater, könne ja auch nicht zu seinem Chef gehen und am Monatsende um zusätzlichen Lohn

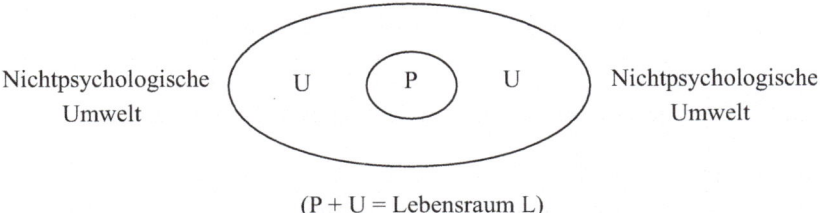

Abb. 3.2 Darstellung des Lebensraumes: P = psychologische Person, U = psychologische Umwelt (Breitenbach 2014, S. 66)

bitten, weil ein Fotoapparat, den er sich sehr wünscht, gerade günstig angeboten wird. In diesem Moment verlässt der Vater schlagartig den Lebensraum seines Sohnes und die Großmutter, die eine Etage höher wohnt, tritt in ihn ein. Der Junge geht nämlich zu ihr und hofft, dass die gutmütige Großmutter für eine kleine Taschengeldaufstockung zugänglicher ist als der strenge Vater.

Der Lebensraum ist jedoch nicht auf das Hier und Jetzt beschränkt, vielmehr können Vergangenes und Künftiges ebenso in ihn hineinreichen. Ein Kind hält sich an die ausgemachten Regeln, weil es von seiner Erzieherin gelobt werden möchte. Das in der Zukunft liegende erwartete Lob bestimmt das gegenwärtige Verhalten und ist somit Teil des Lebensraums. Die Tatsache, dass ein Kind in der Vergangenheit von einem Hund gebissen wurde, ist bedeutungslos und zählt nicht zum Lebensraum des Kindes, solange sich kein Hund in seiner Nähe aufhält. Begegnet das Kind jedoch einem Hund, tritt das Erlebnis aus der Vergangenheit in den Lebensraum ein und löst aktuell Angst vor dem Hund aus.

Den Kontext zu berücksichtigen heißt für Förderdiagnostiker/innen also, den Lebensraum eines Kindes zu erforschen. Fakten aus dem Umfeld zu suchen, die aus der Perspektive des Kindes momentan bedeutsam sind. Dies gelingt, wenn man sich in das Kind hineinversetzt, die kindliche Perspektive einnimmt und versucht, dessen Lebens- und Lernsituation mit dessen Augen zu betrachten. In der Praxis erweist sich diese Suche nach bedeutsamen Informationen allerdings als durchaus schwierig. Deshalb schlägt Hofmann (1998) in Anlehnung an Bronfenbrenner (1981) ein Vorgehen in konzentrischen Kreisen vor, die sich um die spezifische Situation anordnen lassen. Von einem Problem ausgehend wird zunächst beispielsweise in einem ersten Kreis die Lernsituation in der Schule (Unterrichtsgestaltung des Lehrers, Beziehung des Lehrers zum Kind, Status und Rolle des Kindes in der Klasse, Verhalten der Banknachbarn …) und im weiteren Verlauf der Diagnostik, falls erforderlich, in einem zweiten Kreis auch die familiäre und häusliche Lebenssituation eines Kindes (Hausaufgabensituation, Ansprüche und Erwartungen der Eltern, Schulerfolg der Geschwister, …) ausgeleuchtet.

3.3.3 Diagnose und Förderung konsequent verknüpfen

Die Verbindung von Diagnose und Förderung, wie sie in der Bezeichnung Förderdiagnostik nahegelegt und in der Fachdiskussion immer wieder als konstitutives Merkmal der Förderdiagnostik herausgestellt wird, erscheint spontan einleuchtend, ist aber keineswegs trivial. Der Begriff Förderdiagnostik suggeriert, dass sich aus diagnostischem Handeln direkt das pädagogische ableiten lasse.

3.3 Merkmale der Förderdiagnostik

Diese Art der Verknüpfung von Diagnose und Förderung wurde von Schlee (1985) als eine grundlegende Ungereimtheit der Förderdiagnostik, als ein logischer und naturalistischer Fehlschluss bezeichnet. Hier wecke die Förderdiagnostik Ansprüche und Erwartungen, die sie am Ende gar nicht einlösen könne. Aus Ist-Werten lassen sich keine Soll-Werte ableiten und begründen und die Ergebnisse diagnostischer Untersuchungen enthalten keine Hinweise auf Ziele oder Teilziele zur Bestimmung des sich anschließenden didaktisch-pädagogischen Prozesses. Pädagogische Ziele erwachsen, seiner Meinung nach, aus übergeordneten Wert- und Zielvorstellungen, die längst vor dem Durchführen einer Diagnostik bestehen. Was unter einem wünschenswerten Arbeits- und Sozialverhalten zu verstehen ist und dass alle Schulkinder das Lesen, Schreiben und Rechnen erlernen müssen, ist gesetzt und bestimmt, unabhängig von jeglicher Förderdiagnostik.

Die von Schlee (1985) aufgeworfene Problematik der schulischen Diagnostik wird vermieden, wenn die Förderdiagnostik als hypothesengenerierender und hypothesenprüfender Prozess betrachtet wird. Das Prüfen der Hypothesen ist hier allerdings nicht im statistischen Sinne zu verstehen, vielmehr führen diagnostische Daten zu Entscheidungen über pädagogische Handlungsmöglichkeiten, die in die Tat umgesetzt werden und dann einer kritischen Reflexion unterzogen werden können.

In diesem Zusammenhang sollten wir uns noch einmal den diagnostischen Prozess der pädagogischen Diagnostik klar vor Augen führen, in dem an zwei markanten Stellen Hypothesen über das Lernen und Verhalten der Kinder aufgestellt werden:

- zum Ersten, wenn es um die Bedingungen und Ursachen geht, die für das vorliegende Lernproblem verantwortlich gemacht werden können, und
- zum Zweiten, wenn nach alternativen und zusätzlichen Lehrmethoden gesucht wird, die den vorher gefundenen Lernbedingungen entsprechen.

In beiden Fällen greifen der Förderdiagnostiker/innen auf vorhandene Theorien und Erkenntnisse, also ihr vielfältiges Fachwissen zurück, um dann auf der Grundlage diagnostischer Informationen zu entscheiden, welche der Vermutungen im konkreten Fall zutreffend sind und welche sich aufgrund der Rückmeldungen über den Fördererfolg als hilfreich erwiesen haben.

Aus der Förderdiagnostik heraus werden keine Förderziele und Fördermaßnahmen entwickelt, es wird lediglich im Verlauf des diagnostischen Prozesses mittels diagnostischer Daten darüber entschieden, welches der möglichen Förderziele angemessen erscheint und welche der möglichen Interventionen das vorliegende Problemverhalten am ehesten verändern können. Diese Vorstellung von Förderdiagnostik steht nicht mehr im Widerspruch zu Schlees (1985) kritischen Anmerkungen.

Die direkte Verknüpfung von Diagnose und Förderung kommt besonders gut in zyklischen Beschreibungsmodellen zum Ausdruck, die mindestens aus einer diagnostischen und einer praktischen Phase bestehen. Nach dieser Vorstellung werden in der diagnostischen Phase Handlungsorientierungen entwickelt, die sich in der praktischen Phase zu bewähren haben. Die Bewährung ist durch eine die praktische Phase begleitende Lernverlaufsdiagnostik (vgl. Kap. 2) sicherzustellen. Gelingt die Bewährungsprobe nicht, sind im Rahmen einer neuerlichen diagnostischen Phase die Handlungsorientierungen zu überprüfen und zu modifizieren (Schuck 2004).

Im förderdiagnostischen Kreismodell der Abb. 3.3 sind die drei ersten Schritte – Fragstellung, Problemanalyse und Problemverständnis – eher der diagnostischen Phase und die drei letzten Schritte – Förderplanung, Durchführung und Evaluation – eher der praktischen Phase zuzuordnen. In der Förderdiagnostik führt die Diagnostik nicht nur zur Förderung, sondern die Förderung selbst und ihre Evaluation gehören zur Förderdiagnostik zwingend dazu. Die Evaluation der Fördermaßnahmen ist der letzte Schritt, der über die Qualität des gesamten

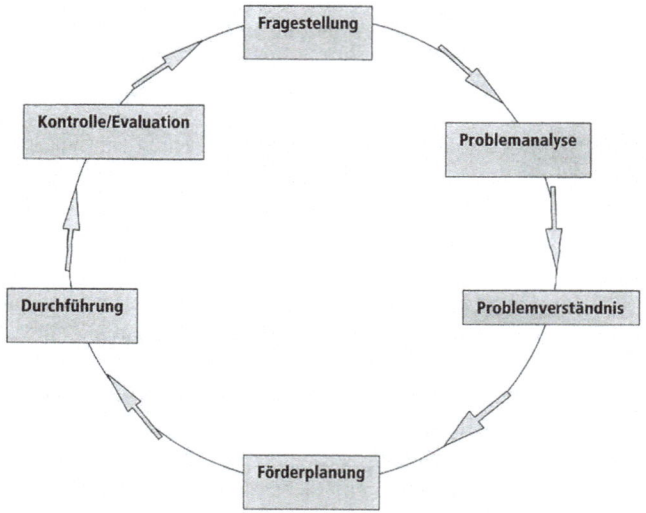

Abb. 3.3 Ablauf des förderdiagnostischen Prozesses (Niedermann et al. 2007, S. 58)

förderdiagnostischen Prozesses entscheidet, den Prozess mit einer erfolgreichen Problembewältigung abschließt, weitere Untersuchungen und Veränderungen fordert oder gar komplett neue Fragen aufwirft.

3.3.4 Vorgeordnete Theorien und Wertvorstellungen mitdenken

Spätestens an dieser Stelle wird evident, dass Förderdiagnostik unbedingt auf vorgeordnete Theorien angewiesen ist, da sie im Grunde nur ein bestimmtes Vorgehen dezidiert beschreibt. Wesentliche Inhalte, die vielfältigen Fachtheorien entstammen, müssen gezielt an den entsprechenden Punkten, zum Beispiel beim Generieren von Hypothesen oder beim Interpretieren diagnostischer Daten, in den Prozess eingespeist werden.

Bereits die Datenaufnahme ist ein aktives Gestalten und Konstruieren. Beim Erkennen und Aufnehmen von Daten muss bedacht werden, dass diese Daten dem menschlichen Verhalten nicht als solche anhaften und die Diagnostiker/innen sie nur noch einzusammeln bräuchten. Diagnostische Daten treten als solche erst unter bestimmten Fragestellungen und Perspektiven in Erscheinung. Je nach Fragerichtung, Sicht- und Herangehensweise ergeben sich im förderdiagnostischen Prozess unterschiedliche Hypothesen und damit unterschiedliche Daten.

> **Beispiel**
> Beim Vorliegen eines Leserechtschreibproblems führt eine linguistisch orientierte Lehrkraft anhand ihres Vorwissens als Erstes eine Fehleranalyse durch, während ein eher didaktisch ausgerichteter Lehrer zunächst den eigenen Unterricht noch einmal dahin gehend überdenkt, inwieweit zum Beispiel ausreichende Möglichkeiten zum Üben geboten wurden.

Auch implizieren die abgenommenen Daten an sich noch keine bedeutsame Aussage. Die Bedeutung ist den Daten nicht inhärent, diese bedürfen vielmehr der Interpretation, die ihrerseits theoretisch fundiert sein muss, will man Beliebigkeit vermeiden.

> **Beispiel**
> Eine Lehrkraft beobachtet bei einem Jungen eine gewisse motorische Unruhe und Schwierigkeiten, sich zu konzentrieren. Ihr Fachwissen sagt ihr, dass dieses Verhalten nicht altersgemäß ist, und lässt sie sofort an eine möglicherweise vorhandene Aufmerksamkeitsstörung denken.

Schließlich lassen sich aus den interpretierten Daten nur dann sinnvolle Konsequenzen ziehen, wenn theoretische Konzepte vorliegen, die über entsprechende Zusammenhänge zwischen Lernproblemen und hilfreichen Lehrangeboten Auskunft geben. Die Lehrkraft kann das ungünstige Lernverhalten eines aufmerksamkeitsgestörten Kindes nur dann verändern, wenn ihr möglichst viele fachlich gut begründete und evaluierte Interventionen dafür bekannt sind.

Diagnostizieren ist somit in vielerlei Hinsicht eine in hohem Maße theoriegeleitete Tätigkeit. Die Qualität von Diagnostiker/innen macht sich deshalb nicht in erster Linie an deren umfangreichem Methodenrepertoire fest, sondern an der Fülle ihres theoretischen Metawissens über Lernen und Entwicklung, über deren mögliche Störungen sowie über Präventions- und Interventionskonzepte.

Mutzeck und Melzer (2007) betonen in ihrem Modell zur Förderplanung weitere grundlegende Aspekte, die im Sinne vorgeordneter Theorien in der Förderdiagnostik zu berücksichtigen sind. Allgemeine Wertvorstellungen und das Menschenbild prägen das Denken und Handeln von Förderdiagnostiker/innen ebenso wie grundsätzliche Vorstellungen und Konzeptionen von Schule, Unterricht, Familie und Gesellschaft.

3.3.5 Sich an Stärken und Schwächen orientieren

Sich an Stärken und Schwächen zu orientieren ist keineswegs typisch für die Förderdiagnostik, sondern eigentlich eine selbstverständliche Gegebenheit jeder Form von Diagnostik. Man untersucht bestimmte Fähigkeiten und Fertigkeiten bei Menschen und stellt dabei zwangsläufig fest, dass sie das eine besser können als das andere, dass sie also über Stärken und Schwächen verfügen und aus der Zusammenschau dieser Stärken und Schwächen ergibt sich, falls erforderlich, eine angemessene Intervention.

Stärken und Schwächen sind zunächst einmal genauso wie Kompetenzen und Defizite relationale Begriffe, die nicht ohne einen Bezugspunkt oder eine Norm (vgl. auch Kap. 1) zu denken sind. Stärken und Schwächen ergeben sich im Rahmen der Förderdiagnostik, indem kindliches Verhalten in Beziehung gesetzt wird zu intraindividuellen und kategorialen, lehrzielorientierten Normen. Neben dem Bezug zu einer Norm brauchen die Begriffe Stärke und Schwäche jedoch auch sich selbst als Bezugspunkt, denn Stärke lässt sich nur im Zusammenhang mit Schwäche denken und Schwächen werden nur sichtbar, wenn Stärken vorhanden sind. Deshalb sind diagnostisch relevante Fragen immer Zwillingsfragen, die gleichzeitig nach dem fragen, was das Kind weiß und was es nicht weiß, was es richtig macht und was falsch. Der diagnostische Blick fällt zwangsläufig gleichzeitig sowohl auf Stärken als auch Schwächen und deckt das Können und Nicht-Können gleichermaßen auf.

Für Didaktiker/innen stellt sich immer die bedeutsame Frage, wie denn Interesse oder Lernmotivation entsteht oder geweckt werden könne. Die Antwort lautet, dass Lehrer/innen, um bei Schüler/innen einen Lernprozess in Gang zu setzen, diesen zeigen müssen, was sie innerhalb ihres Wissens und Könnens eben noch nicht wissen und noch nicht können und was es deshalb noch interessanterweise zu lernen gibt. „Denn nicht das Nicht-Wissen schafft das Interesse, sondern dies, dass im Geflecht des Wissens eine Stelle als Nicht-Wissen bekannt gemacht wird" (Rauschenberger 1967, S. 68 f).

Persönlichkeitstheorien vor allem aus dem Bereich der humanistischen Psychologie verweisen darauf, dass psychische Gesundheit oder psychische Anpassung im Gegensatz zu psychischer Fehlanpassung dadurch gekennzeichnet ist, dass als Stärken und als Schwächen bewertete Persönlichkeitsanteile in gleicher Weise wahrgenommen und ins Selbstkonzept integriert sind. Jeder kann sich leicht vorstellen, wie ungesund es ist, ständig die eigenen Schwächen vor sich und anderen verbergen zu müssen, und wie anstrengend das ausschließliche Präsentieren von Stärken ist. Ein Kind, das ständig gelobt wird, das sich einseitig nur als stark und kompetent erlebt, entwickelt zwangsläufig ein unrealistisches Bild von sich selbst und leidet darunter in ähnlicher Weise wie ein Kind, das immer nur mit seinen Fehlern und seinem Nicht-Können konfrontiert wird.

Der Aufruf, von den Stärken auszugehen, sollte somit aus verschiedenen Perspektiven betrachtet keinesfalls als Hinweis verstanden werden, förderdiagnostisch nur oder vor allem nach den Stärken der Kinder zu suchen und ihre Schwächen zu ignorieren oder diese gar in Stärken umzudeuten. Nur unter gleichzeitiger Berücksichtigung von Stärken und Schwächen, Können und Nicht-Können ist eine hilfreiche und dem Leistungs- und Lernvermögen eines Kindes angemessene Förderung möglich.

3.4 Diagnostische Methoden

▶ Diagnostische Methoden sind „Vorgehensweisen, um auf kontrollierte und zielgerichtete Weise Wissen über etwas zu erlangen. Dieses Wissen bezieht sich auf Objekte, die im Hinblick auf ihre qualitativen und quantitativen Merkmalsausprägungen zur Prüfung oder Findung von Hypothesen untersucht werden. Daten können ganz allgemein durch Beobachtung, Befragung oder Testung erhoben werden" (Meyer und Jansen 2016, S. 114).

Aus der Vielzahl der förderdiagnostischen Methoden werden diejenigen ausgewählt und ausführlich behandelt, die sich an schulischen Inhalten und Bedürfnissen orientieren und von Lehrkräften gut in den Unterricht integriert werden können. Besonders wünschenswert wären natürlich vor allem Verfahren, die keinen großen zusätzlichen Aufwand erfordern. Damit kann leider nicht gedient werden. Eine fundierte und fachgerechte Förderdiagnostik hat in diesem Sinne ihren Preis und ist immer mit einem erheblichen zeitlichen Aufwand für Vorbereitung, Durchführung und Auswertung verbunden. Manche Verfahren erfordern auch eine intensive Einarbeitung in ihre theoretischen Grundlagen und in die Bestimmungen zur Durchführung. Hierzu zählen vor allem psychologische Tests und die Verhaltensbeobachtung. Fehleranalysen, Kompetenzinventare und das schulische Standortgespräch dürften Lehrkräften hingegen vertrauter und für sie weniger voraussetzungsvoll sein.

3.4.1 Anamnese, Exploration und Interview

▶ Anamnese, Exploration, Interview oder Befragung „bezeichnen eine Vorgehensweise der Informationssuche, bei der durch gezielte Fragen der Proband zu Angaben über sich und sein Umfeld angeregt werden soll. Als Oberbegriff dient die Bezeichnung ‚Gespräch'" (Fisseni 2004, S. 169).

Inhaltlich bezieht sich die Anamnese auf die Biografie, auf die bisherige Lern- und Entwicklungsgeschichte oder auf die Vorgeschichte des Problems. Vorliegende Informationen aus medizinischen Befunden oder Gutachten, aus Entwicklungsberichten oder aus Therapieverlaufsdokumenten werden selbstverständlich einbezogen.

In der Exploration konzentrieren sich die Untersucher/innen eher darauf, den momentanen subjektiven Lebensraum der Proband/innen zu erkunden, die Problemsituation eingebettet in die Lern- und Lebenssituation zu erhellen. Die Exploration wird häufig genutzt, um das vorliegende Problem herauszuarbeiten und einzukreisen und damit auch die Fragestellung zu spezifizieren.

Das Interview besitzt im Vergleich zu Anamnese und Exploration den engsten Fokus und zielt auf Informationen über einen eng umschriebenen Verhaltens- oder Erlebensbereich und wird deshalb vorwiegend eingesetzt, um spezifische diagnostische Hypothesen zu prüfen, während Anamnese und Exploration eher dazu dienen, Hypothesen zu generieren.

3.4 Diagnostische Methoden

Zur Unterstützung beim Durchführen von Anamnese, Exploration und Interview existieren zahlreiche Anweisungen, Leitfäden oder Fragebögen, die ein Gespräch mit unterschiedlichen Freiheitsgraden zulassen. Anamnestische, explorative oder gezielt befragende Gespräche (Interviews) lassen sich standardisiert, halbstandardisiert oder auch völlig unstandardisiert durchführen, wobei Letzteres nicht zu empfehlen ist, da die Gefahr besteht, dass diagnostische Gespräche dann schnell zu unstrukturierten und ziellosen Plauderstündchen geraten.

In einem standardisierten Gespräch sind alle Fragen vorformuliert, Reihenfolge und Auswertungsklassen oder -kategorien sind festgelegt. Weder Fragende noch Befragte haben einen Handlungsspielraum. Die Fragenden dürfen keine eigenen Fragen stellen und die Befragten dürfen nur Antworten im Rahmen der vorgegebenen Antwortoptionen geben. Der Vorteil einer Standardisierung liegt im ökonomischen Einsatz, in der Vergleichbarkeit der Daten aus mehreren Befragungen und der meist vorhandenen Qualitätsprüfung. Nachteilig wirkt sich aus, dass der subjektive Lebensraum möglicherweise nur unzureichend erfasst und abgebildet wird. Individuelle und nur vereinzelt vorkommende Besonderheiten, die diagnostisch jedoch brisant sind, bleiben unentdeckt.

Ein halbstandardisiertes Vorgehen bietet eine Struktur durch die Vorgabe von Themen und Leitfragen, die Fragenden sind frei in der Formulierung und Auswahl der Fragen. Manchmal wird auch ein Fragenpool zu bestimmten Themen vorgegeben, aus dem der oder die Fragende situationsangepasst auswählt.

Für wenig erfahrene Diagnostiker/innen sind standardisierte Anamnesebögen angemessen, bei denen die Fragen lediglich vorzulesen und die Antworten innerhalb der Antwortmöglichkeiten anzukreuzen sind. Erfahrene Diagnostiker/innen bedienen sich meist halbstandardisierter Verfahren, die ihnen eine gewissen Freiheit zur Gestaltung des Anamnesegesprächs bieten, aber auch sicherstellen, dass keine wichtigen Fragen oder Bereiche vergessen werden.

Empfehlenswert ist der Anamnesebogen der Arbeitsstelle Frühförderung Bayern, in dem sowohl anamnestische Fragen zur Entwicklungsgeschichte als auch explorierende zur aktuellen Lebenssituation zusammengestellt sind. Der dem Anamnesebogen beigefügte Fragenkatalog bietet eine Fülle von Fragen zu einzelnen Entwicklungsbereichen und zur aktuellen sozialen Situation, an der sich der Diagnostiker entsprechend der Situation und der bereits gegebenen Antworten bedienen kann (Naggl und Höck 2009).

3.4.2 Schulisches Standortgespräch

Im Kanton Zürich wurde das Verfahren „Schulisches Standortgespräch" entwickelt, um den Schulen des Regelschulbereichs ein Instrument zur interdisziplinären und kooperativen Förderplanung an die Hand zu geben. Dieses Verfahren strukturiert das gemeinsame Vorgehen und dient einer individuellen Standortbestimmung im Sinne einer Beschreibung der aktuellen Lebens- und Lernsituation eines Kindes oder Jugendlichen. Ziel ist eine ressourcenorientierte Klärung der Frage, welche Maßnahmen für einen Schüler oder eine Schülerin in der aktuellen schulischen Situation angemessen erscheinen. Beteiligt sind alle Personen, die das Kind oder den Jugendlichen betreuen und gut kennen. Dazu zählen natürlich immer die Lehrkräfte und die Eltern, aber auch Therapeut/innen, Psycholog/innen, Mediziner/innen und Heilpädagog/innen; wenn es sinnvoll erscheint auch das betroffene Kind oder der betroffene Jugendliche selbst.

Das Standortgespräch verläuft, nach Hollenweger und Luder (2010) und wie in Abb. 3.4 veranschaulicht, in mehreren Einzelschritten:

Zur Vorbereitung auf das Gespräch erarbeiten sich die teilnehmenden Personen ein erstes eigenes Problemverständnis. Sie tun dies anhand eines kurzen Fragebogens, der ausgewählte, der Internationalen Klassifikation der Funktionsfähigkeit, Behinderung und Gesundheit (ICF) entnommene Aktivitäts- und Lebensbereiche berücksichtigt:

- Allgemeines Lernen,
- Spracherwerb und Begriffsbildung,
- Lesen und Schreiben,
- Mathematisches Lernen,
- Umgang mit Anforderungen,
- Kommunikation,
- Bewegung und Mobilität,
- Für-sich-selbst-Sorgen,
- Umgang mit Menschen sowie
- Freizeit, Erholung und Gemeinschaft

sind die in Abb. 3.5 näher beschriebenen Bereiche, die mittels einer 5-stufigen Skala von „Stärke" bis „Problem" reichend, beurteilt werden. Dadurch sind alle gleichermaßen gut vorbereitet und können im Gespräch die eigene Sichtweise und Einschätzung einbringen.

3.4 Diagnostische Methoden

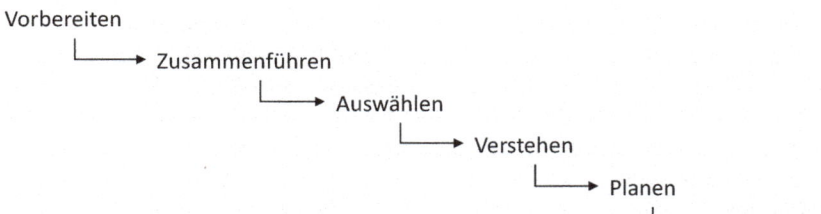

Abb. 3.4 Ablauf des Standortgesprächs

Allgemeines Lernen

Die Schülerin/der Schüler kann zuhören, zuschauen, aufmerksam sein, sich Dinge merken, Lösungen finden und umsetzen, planen, üben.

Spracherwerb und Begriffsbildung

Die Schülerin/der Schüler kann lautgetreu nachsprechen, den Sinn von Wörtern und Symbolen verstehen, korrekte Sätze bilden, einen altersentsprechenden Wortschatz aufbauen, Sprache dem Sinn entsprechend modulieren (Erst- und Zweitsprache).

Lesen und Schreiben

Die Schülerin/der Schüler kann lesen, laut vorlesen, verstehen, was gelesen wird, korrekt und leserlich schreiben.

Mathematisches Lernen

Die Schülerin/der Schüler kann Kopfrechnen, schriftlich rechnen, Rechnungen in Sätzen verstehen und lösen, den Rechenstoff, der in der Klasse durchgenommen wird, verstehen und beherrschen.

Umgang mit Anforderungen

Die Schülerin/der Schüler kann aufgetragene Aufgaben selbständig erledigen, in der Gruppe eine Aufgabe lösen; Verantwortung übernehmen, den Tagesablauf einhalten, Freude und Frust regulieren.

Kommunikation

Die Schülerin/der Schüler kann verstehen, was andere sagen und meinen, ausdrücken, was sie/er ausdrücken will, anderen Menschen Dinge erklären, Gespräche und Diskussionen führen.

Abb. 3.5 Ausgewählte Themenbereiche des Fragebogens zur Vorbereitung des Standortgesprächs (Hollenweger und Luder 2010, S. 283)

Zu Beginn des Gesprächs tauschen sich die Teilnehmenden über ihre Einschätzungen aus und vergleichen ihre ausgefüllten Fragebögen, um herauszufinden, welche Bereiche sie ähnlich und welche sie unterschiedlich einschätzten. Auf diese Weise werden die Sichtweisen der Beteiligten zusammengeführt und dann auch in ein Protokollformular eingetragen und festgehalten.

Gemeinsam wird anschließend vereinbart, welche momentan besonders bedeutsamen Bereiche schwerpunktmäßig besprochen werden. Neben den Bereichen, die von allen oder den meisten als problematisch erachtet werden, sind diejenigen Bereiche besonders interessant, die sehr unterschiedlich beurteilt werden. Eine Beschränkung bei der Auswahl auf ein oder zwei Bereiche hat sich als sinnvoll erwiesen.

Die ausgewählten Bereiche und Fragestellungen werden nun ausführlicher besprochen, mit dem Ziel, ein gemeinsames Verstehen zu erreichen. Nach Lernvoraussetzungen des Kindes oder Jugendlichen wird dabei ebenso gefragt wie nach Einflüssen und Bedingungen der Umwelt. Die Gewichtung der erörterten Lern- und Entwicklungsbedingungen darf dabei nicht vergessen werden: Welche Bedeutung kommt ihnen zu, welche wirken förderlich und welche hinderlich?

Ist ein gemeinsames Problemverständnis entstanden, werden auf dieser Grundlage Zielsetzungen festgelegt und Maßnahmen bestimmt. Zu dieser Planung gehört auch die Klärung von Verantwortlichkeiten. Es muss verbindlich abgesprochen werden, wie die Beiträge der Beteiligten zum Erreichen des Ziels aussehen, wer die Durchführung welcher Maßnahme übernimmt. Auch das wird wiederum auf dem Protokollformular im Sinne eines gemeinsamen Beschlusses festgehalten.

Das Gespräch wird mit dieser gemeinsamen Zielvereinbarung abgeschlossen und alle Beteiligten sind nun aufgefordert, ihren abgesprochenen Beitrag in die Tat umzusetzen. Die Umsetzung und vor allem die Auswirkungen der beschlossenen Interventionen und Veränderungen werden nach einem halben Jahr geprüft und sind wichtige Grundlage für das nächste gemeinsame Gespräch.

Erste Rückmeldungen und Erfahrungen aus der Praxis zeigen, dass das Verfahren von allen Beteiligten durchweg positiv aufgenommen wird. Die Einführung der schulischen Standortgespräche führt zu einer Professionalisierung und Verbesserung der Förderplanung. Die klare Strukturierung und die einheitliche Vorgehensweise führen zu einer höheren Effizienz und das Einbeziehen der Eltern gelingt besser, da sie sich als gleichwertige Partner ernst genommen fühlen. Offensichtlich ist hier ein Verfahren entwickelt worden, das sich hervorragend eignet, unter allen Beteiligten abgestimmte Förderpläne zu entwickeln und ihre Umsetzung zu koordinieren, zu prüfen und zu begleiten (Hollenweger und Luder 2010).

Zur Planung eines inklusiven Unterrichts schlägt Kornmann (2010) ein vergleichbares diagnostisches Gespräch vor. Gesprochen wird auch hier über einzelne Kinder, denen sich die Lerninhalte nicht auf dem üblichen Wege erschließen. Gesprächsteilnehmer sind ebenfalls alle, die das betreffende Kind gut kennen (Lehrpersonen, Eltern, Sozialarbeiter/innen, Therapeut/innen, …). Zu Beginn eines solchen Gesprächs stellt die Lehrkraft ihr Lehrkonzept vor und erläutert ihre geplanten Maßnahmen zur Vermittlung der Lerninhalte. Anschließend sind die anderen Gesprächsteilnehmer aufgerufen, der Lehrkraft Hinweise zu geben, bei welchen Anforderungen oder in welchen Lernsituationen sie eine Über- oder Unterforderung des Kindes erwarten und welche Modifizierungen des Unterrichts ihrer Meinung nach hilfreich wären. Darüber hinaus können die Beteiligten die Lehrkraft über Vorlieben und Interessen, aber auch über Abneigungen und Ängste des Kindes informieren, was ebenfalls wertvolle Hinweise in Bezug auf die Unterrichtsgestaltung sind. Erfahrungen über die Praktikabilität und Effizienz solcher Gespräche liegen noch nicht vor.

3.4.3 Fehleranalysen

Es gibt gute Gründe, warum wir aus Fehlern besonders viel lernen können, warum Fehler zunächst einmal als willkommene Lernanlässe zu betrachten sind und nicht nur als Anlässe für Bewertung und Beschämung. Sloterdijk (2011) formuliert das so: „Man darf geradezu sagen, die Schule beruhe auf der Erfindung des ‚Fehlers' – der Fehler ist ein säkularisiertes, revidierbares Verhängnis, und Schüler ist, wer durch Fehler lernt und sich an ihrer Eliminierung versucht" (Sloterdijk 2011, S. 221).

Kinder denken sich etwas, wenn sie Fehler machen. Das gilt in besonderer Weise für Rechenfehler, die fast immer Denkfehler sind. Die fehlerhaften Denkprozesse sieht man der falschen Lösung jedoch nicht an, der Lehrer erkennt diese nur, wenn er sich von den Kindern ihre Lösungswege erklären lässt. Oftmals sind die Überlegungen, die zu den falschen Lösungen führen, gar nicht dumm. Manchmal machen Schüler sogar Fehler, weil sie an einer Stelle denken, wo es gar nichts zu denken gibt, zum Beispiel beim Rechtschreiben. Nicht alle Rechtschreibfehler lassen sich vermeiden, indem man eine Regel beachtet. Oft wurde die korrekte Schreibweise irgendwann einmal festgelegt und man hätte genauso gut eine andere Festlegung treffen können. Wird dies den Schüler/innen nicht ausdrücklich gesagt, suchen sie bei solchen Rechtschreibfällen nach nicht vorhandenen Regelhaftigkeiten, nach nicht existierenden logischen Zusammenhängen. Dieses durchaus kluge Vorgehen führt sie jedoch hier nur in die Irre.

Der Fehler verweist auf das Fehlende, lehrt uns der berühmte Schweizer Heilpädagoge Paul Moor (1965). Der Fehler zeigt dem Lehrenden, was seine Schüler/innen nicht oder noch nicht gelernt haben und was er ihnen demzufolge als Nächstes noch beibringen muss.

Der Fehler zeigt natürlich auch den Lernenden selbst, was sie nicht oder noch nicht können. Neugierde und Interesse werden geweckt, Fragen entstehen. So sehen es zumindest die alten Didaktiker. Bei ihnen kann man nachlesen, dass Lernmotivation in erster Linie dadurch entsteht, dass der Lehrende dem Lernenden aufzeigt, was er bereits alles kann und weiß und was es für ihn noch interessantes Neues zu lernen gibt. Fehler sind aus dieser Perspektive willkommene Lernanlässe und bieten die selbstverständliche Möglichkeit, Neues zu lehren und zu lernen.

Die positiven Seiten des Fehlers lassen sich jedoch nicht nur didaktisch nutzen, sondern besitzen darüber hinaus eine pädagogische Bedeutung. Über die Beschäftigung mit den Schülerfehlern versteht die Lehrkraft ihre Schüler und Schülerinnen immer besser. Sie übernimmt ihre Perspektive, versetzt sich in ihre Situation, sieht die Aufgaben und Probleme mit ihren Augen. Werden die Schüler und Schülerinnen von der Lehrkraft angehalten, sich ebenfalls mit ihren Fehlern auseinanderzusetzen, verstehen sie sich selbst ebenfalls besser. Sie lernen ihre Stärken und Schwächen kennen. Sie lernen, wie sie selbst am besten lernen und worauf sie achten müssen, um bestimmte Fehler zu vermeiden. Eine realistische Selbsteinschätzung, ein angemessenes Selbstbild und Selbstwertgefühl können sich entwickeln.

In den 20er und 30er Jahren des vorigen Jahrhunderts interessierten sich zwei deutsche Pädagogen, Weimer (1924, 1926) und Kießling (1925), für Fehler in unterrichtlichen Lernprozessen. Sie schrieben Bücher und Aufsätze zu Themen wie Fehlerentstehung, Fehlerbehandlung, Fehlerbewertung und Fehlerverhütung. Weimer fasste all diese Überlegungen unter dem Oberbegriff einer „schulpädagogischen Fehlerkunde" zusammen.

Um einen pädagogisch sinnvollen und fruchtbaren Umgang mit Fehlern zu finden, könnte man einige bemerkenswerte Denkansätze dieser vergessenen Fehlerkunde wieder aufgreifen (Weingardt 2004):

1. Fehler sind nicht beabsichtigt, aber geschehen auch nicht zufällig. Ihre Regelhaftigkeit im Auftreten verweist auf tiefer liegende Ursachen oder Bedingungen, die es zu finden gilt. Das Fehlermachen ist ein komplexes Geschehen und an vielfältige, aber ganz bestimmte Voraussetzungen gebunden. An der Fehlerentstehung wirken internale, subjektive aber auch externale, soziale und unterrichtliche Ursachen mit. Nicht nur Bedingungen im Kind wie Aufmerksamkeit, Gedächtnis oder logisches Denkvermögen,

3.4 Diagnostische Methoden

sondern auch äußere Lernbedingungen wie zum Beispiel die Art des Unterrichtens können für Fehlleistungen verantwortlich gemacht werden. Meist wird die Ursachensuche ein Bedingungsgefüge, ein Zusammenwirken innerer und äußerer Bedingungen, zutage fördern. Es gibt somit auch nicht den Rechtschreib-, Lese- oder Rechenfehler schlechthin, sondern die unterschiedlichsten Fehlerarten und Fehlerformen (Geläufigkeitsfehler, Perseverationsfehler, Ähnlichkeitsfehler, Mischfehler, Gefühlsfehler, …).
2. Der schriftliche Fehler, als der häufigste im unterrichtlichen Geschehen, wird in der Fehlerkunde als besonders problematisch beschrieben. Zunächst muss klar sein, dass der schriftlich festgehaltene Fehler nicht der Fehler an sich, nicht der Fehlvorgang selbst ist, sondern nur sein „erstarrter Ausdruck". Nur die Analyse der Bedingungen, unter denen er entstanden ist, würde den Fehler, das Fehlende, den falschen Prozess sichtbar machen. In der schulischen Praxis vergeht in der Regel jedoch eine gewisse Zeit, bis eine Lehrkraft eine schriftliche Lernzielkontrolle korrigiert und dabei auf die Fehler der Schüler und Schülerinnen stößt. Durch diese Ungleichzeitigkeit von Fehlerentstehung und Fehlerbewertung kann sich die Lehrkraft kaum mehr die Entstehensbedingungen eines Fehlers vergegenwärtigen. Ob sich hinter dem Fehler zum Beispiel eine Unkonzentriertheit oder eine echte Wissenslücke verbirgt, lässt sich nach Tagen kaum mehr beurteilen. Aus diesem Grund wird in der Fehlerkunde die mündliche Leistungsfeststellung empfohlen. Hierbei lassen sich die situativen Umstände besser erfassen oder durch direktes und gezieltes Nachfragen rasch klären.
3. Einer fehlerhaften Leistung steht immer eine Leistungsanforderung gegenüber. Beide aufeinander bezogenen Aspekte müssen bei der Fehleranalyse einer Bewertung unterworfen werden. Es gibt hohe und niedrige Anforderungen und es gibt leichte und schwerwiegende Fehler. Es gibt viele und wenige Fehler. Das bloße Feststellen und Aufaddieren der Fehler entspricht nicht den Anforderungen an eine umfassende und pädagogisch hilfreiche Fehleranalyse. Eine differenzierte und eben nicht arithmetisch vereinfachte Fehlerbewertung ist gefragt. Wenn es schon Arithmetik sein muss, dann doch wenigstens die Berechnung eines Fehlerquotienten. Wenn ein Lehrer die Information erhält, einer seiner Schüler habe 90 % der diktierten Wörter richtig geschrieben und 10 % falsch, kann er damit schon bedeutend mehr anfangen als nur mit der Feststellung: 20 Fehler. Erfahrene Legastheniker/innen wissen, dass es sehr wohl ernst zu nehmende, aber durchaus auch zu vernachlässigende Fehler gibt. Beispielsweise werden Verstöße gegen die „lautgetreue" Schreibung als schwerwiegende Fehler betrachtet. Auf die falsche Schreibung von „Qu" verschwendet der Therapeut kaum Zeit und Energie, da es sich hierbei um einen sehr seltenen Rechtschreibfall handelt und damit um einen nahezu bedeutungslosen Fehler.

Die „vergessene Fehlerkunde" empfiehlt deswegen als Königsweg zum fruchtbaren Umgang mit Fehlern die gemeinsame von der Lehrkraft angeleitete Auseinandersetzung der Schüler und Schülerinnen mit ihren Fehlern. Dies beinhaltet, dass sie in ihren eigenen Produkten und denen ihrer Mitschüler gründlich nach Fehlern suchen; sich vergewissern, was genau falsch ist und warum es falsch ist. Dazu gehören selbstverständlich auch Überlegungen, wie die richtige Lösung lautet und wie die Fehler künftig vermieden werden können. Dies geschieht möglichst bei jedem auftretenden Fehler. Im Klassenzimmer herrscht „null Toleranz" für Fehler. Kein Fehler wird bewusst übersehen oder vernachlässigt und einfach hingenommen. Jeder Fehler wird ernst genommen und als Lernanlass geschätzt. Der Fehler ist im Unterricht allgegenwärtig und nimmt einen großen Raum ein. Kein Fehler gibt bei einer solchen Fehlerkultur jedoch Anlass, Kinder oder Jugendliche auszulachen oder für dumm zu erklären.

Die Fehleranalyse ist keine ganz neue Erfindung. In den 70er Jahren wurde der Diagnostische Rechtschreibtest (DRT) entwickelt und veröffentlicht, in dem zum ersten Mal nicht nur die Rechtschreibfehler gezählt (quantitative Analyse), sondern auch in unterschiedliche Fehlerkategorien eingeordnet (qualitative Analyse) wurden (Müller 1990). In Abb. 3.6 sind diese Fehlerkategorien zusammengestellt. Die Fehlerkategorien dieser qualitativen Analyse ergaben sich, indem der Prozess des Schriftspracherwerbs quasi nachvollzogen wurde. Diese Kategorien bilden auch heute noch das Herzstück jeder Analyse von Rechtschreibfehlern:

1. Laut-Zeichen-Verbindung und Wahrnehmungsfehler
   Wenn Kinder schreiben lernen, müssen sie zunächst für jeden hörbaren Laut ein mögliches Zeichen setzen. Hat ein Kind dieses wichtige Prinzip unserer Schrift begriffen – in der Fachsprache nennt man das die Phonem-Graphem-Korrespondenz –, schreibt es z. B. „Fogel" oder „bine". Liest man das Geschriebene laut, erkennt man meist ohne Probleme, was das Kind gemeint hat; nämlich „Vogel" und „Biene". Das ist noch nicht orthografisch richtig, aber phonetisch, also dem Klang nach, sehr wohl. Verstöße gegen dieses Prinzip nennt Müller (1990) phonetische Fehler oder Wahrnehmungsfehler, die sich noch in Fehler bei der Wortdurchgliederung (WD) oder der Trennschärfe (WT) unterteilen.
2. Konventionen und Regelfehler
   Beachtet ein Kind die Phonem-Graphem-Korrespondenz, kann es alle Wörter, die es hört, verschriftlichen. Aber es richtet sich noch nicht nach den Rechtschreibregeln, die bestimmte Schreibweisen zulassen und andere verbieten (z. B. „heute" aber nicht „hoite"). Im nächsten Schritt innerhalb des Schriftspracherwerbs lernt deshalb jedes Kind, diese konventionellen Festlegungen

3.4 Diagnostische Methoden

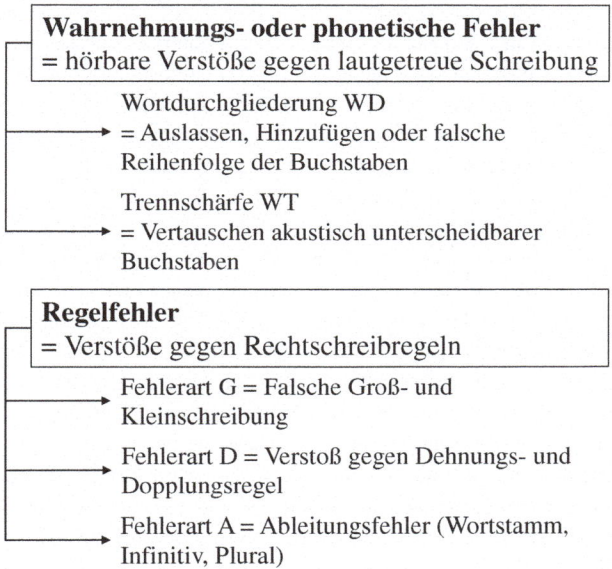

Abb. 3.6 Kategorien zur Fehleranalyse im Rechtschreiben

oder Rechtschreibregeln zu beachten. Hieraus ergibt sich eine zweite Gruppe von Fehlerkategorien, die Regelfehler. Beschränkt man sich auf die wichtigsten Rechtschreibregeln, gelangt man zu weiteren drei Fehlerkategorien:

- Verstöße gegen die Regel zur Groß- und Kleinschreibung (Regelfehlerart G),
- Verstöße gegen die Regel zur Dehnung und Dopplung (Regelfehler D),
- Verstöße gegen die Ableitungsregel (Regelfehler A),
- und Merkfehler (M). Diese Fehler entstehen, wenn ein Kind Hauptmorpheme (wie z. B. „back", „fahr", „fall" oder „viel") und Anfangs- und Endmorpheme (wie z. B. „aus-", „be-", „ge-", „er-", „ver" und „vor") falsch schreibt. Diese Fehler lassen sich vermeiden, wenn man die immer gleiche Schreibweise dieser in vielen Wörtern vorkommenden Morpheme kennt und sich merkt.

Als Ausgangsbasis der Fehleranalyse eignet sich im Grunde alles Geschriebene eines Schulkindes. Man kann entweder ein längeres Diktat verwenden oder man zieht Schulhefte und Klassenarbeiten heran. Aus den Einträgen der jüngeren Zeit (ca. zwei bis drei Monate) sucht man alle Fehler heraus und notiert sie in einem Auswertungsbogen mit den oben beschriebenen Fehlerkategorien. Die Kategorie mit den meisten Einträgen wird auch die am stärksten übungs- oder erklärungsbedürftige sein. Mithilfe dieses einfachen Systems von Fehlerarten können bereits Schulkinder der dritten und vierten Jahrgangsstufe eigene Texte und Texte von Mitschülern nach Fehlern durchsuchen und korrigieren; eine Möglichkeit, um eine hilfreiche Fehlerkultur im Unterricht zu entwickeln.

Ein neueres Verfahren zur Unterstützung der Analyse von Rechtschreibfehlern ist die Aachener Förderdiagnostische Rechtschreibfehler-Analyse (AFRA). Sie ist von der ersten bis zur zehnten Klasse einsetzbar und bietet ein sprachwissenschaftlich begründetes Auswertungsraster bestehend aus 16 Hauptkategorien (Herne und Naumann 2015).

Das Analysieren von Rechenfehlern stellt sich nicht so einfach dar wie die Analyse von Rechtschreibfehlern. Wie bereits erwähnt, sieht man in der Regel den falschen Rechenergebnissen nicht an, wie sie zustande gekommen sind. Um Rechenfehler zu analysieren, muss man das Kind bitten, einem zu erzählen, was es sich beim Lösen der Aufgaben gedacht hat. Nur wer die Denk- und Rechenwege der Kinder kennt, kann sie, wenn erforderlich, korrigieren. Zur Unterstützung bei der Analyse von Rechenfehlern stellen Lobeck (1992) oder Kaufmann und Wessolowski (2006) verschiedene förderdiagnostisch nutzbare Fehlerkategorien zusammen.

Ein besonders hilfreiches Instrument zur Analyse von Rechenfehlern von Kindern der ersten vier Grundschulklassen liefert Hasenbein (2016). Die gut verständliche Anleitung besteht aus drei Teilen. Im ersten Teil werden für jede Klassenstufe Aufgaben zusammengestellt, die einzelnen Schulkindern zur Bearbeitung vorgelegt werden. Die Aufgaben fragen den Lehrstoff des entsprechenden Jahrgangs ab. Der zweite Teil ist ein Durchführungsleitfaden und enthält die Aufgabeninstruktionen, mit denen die Lehrkraft die Kinder zum Lösen der Aufgaben auffordert, sowie die korrekten Lösungen und eine Reihe von Nachfragen, wenn dem Kind bestimmte Fehler unterlaufen. Mithilfe des dritten Teils, dem Auswertungsleitfaden, können die Rechenfehler der Kinder interpretiert werden. Für jede Aufgabe wird angegeben, welche mathematische Kompetenz geprüft wird, welche typischen Fehler gemacht werden und auf welche spezifische Rechenschwäche diese Fehler hinweisen. Für eine Einzeluntersuchung werden 60 min veranschlagt.

In Abb. 3.7 ist beispielhaft eine Aufgabe für das erste Schuljahr mit Fehleranalyse und Fehlerinterpretation dargestellt.

3.4 Diagnostische Methoden

Aufgabe:
Zähle von 5 bis 20: 5, 6, ...   Zähle rückwärts: 16, 15, 14, ...

Aufforderung (Durchführungsleitfaden):
Zähle bitte von 5 bis 20. / Und nun zähle von 16 an rückwärts.
Dabei: Auf die ersten Zahlen im selben Rhythmus tippen, wie das Kind zählt.
Zu beachten: Bereitet die Über- oder Unterschreitung des Zehners besondere Probleme?

Spezifischer geprüfter Inhalt (Auswertungsleitfaden):
Zahlenreihe (Seriation) als Voraussetzung für das erste zählende Rechnen;
Sicherheit in der Aufeinanderfolge von Zahlen, Umkehrbarkeit der Zahlenreihe beim Rückwärtszählen;
Typische Fehler: Auslassungen, Stocken bei den Zehnerübergängen

Spezifische Rechenschwäche:
Zahlenbegriffsschwäche hinsichtlich Seriationsleistung

Abb. 3.7 Durchführungs- und Auswertungsleitfaden für eine Aufgabe für die erste Jahrgangsstufe. (nach Hasenbein 2016)

Wie für das Rechtschreiben und Rechnen gibt es selbstverständlich auch Fehlerkategoriensysteme für das Lesen (Kamm 1990; Staatsinstitut für Schulpädagogik und Bildungsforschung 1992; Rosebrock und Nix 2012). Im Grunde werden in jedem dieser Kategoriensysteme drei Fehlermöglichkeiten beschrieben: Es geht um Lesegenauigkeit, Lesetempo und Leseverstehen.

3.4.4 Kompetenzinventare

Kompetenzinventare werden den informellen diagnostischen Verfahren zugerechnet. Sie sind in der Regel nur teilstandardisiert und verfügen über mehr oder weniger ausführliche und präzise Angaben zu ihrer Durchführung, Auswertung und Interpretation. Ihre Autoren verzichten meist auf die aufwendige Qualitätsanalyse der Einzelaufgaben und die Prüfung der Gütekriterien sowie eine Normierung, was bei der Konstruktion psychologischer Tests immer der Fall ist.

Bei den Kompetenzinventaren handelt es sich um Aufgabensammlungen, deren Zusammenstellung und Aufbau sich erklärtermaßen an Entwicklungs- und Erwerbstheorien orientiert. Der Einsatz von Kompetenzinventaren ist ausschließlich

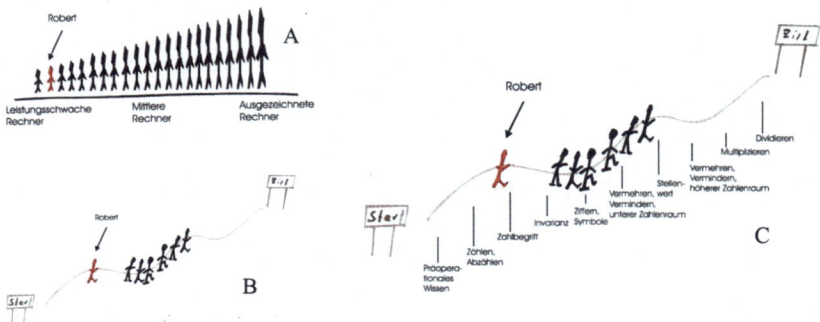

Abb. 3.8 Aussagen zu sozialnormorientierten (A und B) und curriculumorientierten (C) Untersuchungen (Kretschmann 2006, S. 37)

bei förderdiagnostischer Zielsetzung und Fragestellung vertretbar, da die damit erzielten diagnostischen Ergebnisse aufgrund der unzureichenden Standardisierung und der nicht vorhandenen Normierung sehr stark von den Kompetenzen und den subjektiven Einschätzungen des Diagnostikers abhängen. Das Fehlen einer Normierung ist hier jedoch kein ernsthafter Mangel, da bei einer förderdiagnostischen Untersuchung sozialnormorientierte Aussagen ohne Bedeutung sind. Es ist nicht wichtig, den Rangplatz eines Schulkindes im Vergleich mit seiner Altersgruppe zu kennen oder zu wissen, wie weit es hinter seiner Alterskohorte zurückgeblieben ist. Um ein angemessenes Förderangebot zu planen und durchzuführen, muss nur bekannt sein, welche Lernschritte ein Kind bereits vollzogen hat und welche noch zu bewältigen sind. Solche Informationen liefern eher curriculumorientierte Untersuchungen, wie Abb. 3.8 zeigt.

In der Regel verfügen Lehrkräfte über die nötige Fachkompetenz, um informelle Verfahren im Unterricht einzusetzen und ihre Ergebnisse sach- und fachgerecht zu interpretieren. Sie erhalten auf diese Weise sehr schnell domänenspezifische Informationen über die Lernausgangslage eines Kindes und damit eine gute Basis für ihre Unterrichtsgestaltung, die sich durch eine möglichst optimale Passung zwischen Lernangebot und Lernstand der Kinder auszeichnet. Lücken im Lernprozess ihrer Schüler/innen treten zutage und entsprechende Fördermaßnahmen können eingeleitet werden.

Ein Beispiel für ein Kompetenzinventar, das die arithmetischen Grundkenntnisse im ersten Schuljahr erfasst und untersucht, sind die „Rechenfische" von Knopp (2010). Dieses Inventar enthält insgesamt 169 Aufgaben, die, wie in Abb. 3.9

3.4 Diagnostische Methoden

- „Zahl-Mengen-Zuordnung"
- „Addition: a+b=x, x≤10"
- „Addition: a+b=x, 10<x≤20"
- „Subtraktion: a-b=x, a≤10"
- „Subtraktion: a-b=x, 10<a≤20"
- „Addition: a+x=c, c≤20"
- „Addition: x+b=c, c≤20"
- „Subtraktion: x-b=c, x≤20"
- „Subtraktion: a-x=c, a≤20"
- „Addition: a+b=x, x≤10 in Päckchen"
- „Addition: a+b=x, 10<x≤20 in Päckchen"
- „Subtraktion: a-b=x, a≤10 in Päckchen"
- „Subtraktion: a-b=x, 10<a≤20 in Päckchen"
- „Zahlen zerlegen"
- „Bild-Rechenoperation-Zuordnung"
- „Zahlreihen ergänzen"
- „Textaufgaben"
- „Größer-Kleiner-Vergleiche"
- „Zahlenstrahl"
- „Kettenaufgaben"

Abb. 3.9 Aufgabenbereiche des Inventars „Rechenfische" (Knopp und Hartke 2010, S. 9)

zu sehen ist, in 20 Aufgabenbereiche unterteilt sind. Die Aufgaben wurden auf der Grundlage des aktuellen fachdidaktischen und entwicklungspsychologischen Forschungsstands zum Erwerb erster arithmetischer Kenntnisse sowie unter Berücksichtigung curricularer Vorgaben entwickelt und zusammengestellt. Die verwendeten Aufgabentypen und Aufgabenformate sind den Erstklässlern aus dem Unterricht vertraut, sodass sie von ihnen ohne schriftliche oder mündliche Anweisungen verstanden und bearbeitet werden können. Dies ermöglicht eine Durchführung mit der gesamten Klasse, bei der jedes Kind sein individuelles Arbeitstempo wählen kann. Das Inventar besteht aus zwei gleichwertigen Teilen und kann damit an zwei unterschiedlichen Tagen durchgeführt werden. Zur Bearbeitung der beiden Teile haben die Schulkinder jeweils 45 min Zeit.

In einer Erprobungsstudie mit 1688 Erstklässler/innen konnten Knopp und Hartke (2010) zeigen, dass das Kompetenzinventar „Rechenfische" das Gütekriterium der Objektivität erfüllt, reliabel misst und ein valides Verfahren zur Messung der arithmetischen Kenntnisse von Erstklässler/innen darstellt.

Ein weiteres Inventar zur Erfassung mathematischer Kompetenzen im ersten und zweiten Schuljahr stellen Behring et al. (2006) zur Verfügung. Zur Erfassung der Lesekompetenzen von Erstklässlern hat Diehl (2011) mit dem IEL-1 (Inventar zur Erfassung der Lesekompetenzen von Erstklässlern) ein kleinschrittig aufgebautes Kompetenzinventar entwickelt. Um Jugendliche beim Übergang von der Schule in die Berufswelt zu unterstützen und ihnen Orientierung bei der Berufswahl zu geben, werden häufig Kompetenzinventare eingesetzt. Sie fragen berufsbezogene Kompetenzen ab, um bei der Entscheidung für eine Berufsausbildung oder einen auf die Ausbildung vorbereitenden Förderlehrgang behilflich zu sein (Breitenbach 2018; Basedowski 2013).

3.4.5 Verhaltensbeobachtung

Nicht selten sind Lehrkräfte der Meinung, die Verhaltensbeobachtung sei das einfachste pädagogische Diagnostikinstrument schlechthin. Beobachten kann man schließlich immer und überall und vor allem auch ohne große Vorbereitungen. Was daran stimmt, ist die Tatsache, dass die Verhaltensbeobachtung tatsächlich eine wichtige, wenn nicht die wichtigste förderdiagnostische Methode ist. Gerade im schulischen Bereich wird Lehrkräften beim Auftreten von Verhaltensauffälligkeiten die Beobachtung als Methode der Wahl empfohlen. Falsch dagegen ist die Meinung, die Verhaltensbeobachtung könne jederzeit schnell und ohne große Vorbereitung eingesetzt werden. Kany und Schöler (2009) sehen in der Verhaltensbeobachtung die schwierigste, weil voraussetzungsstärkste und störanfälligste diagnostische Methode, die gleichzeitig aber auch am häufigsten Anwendung findet. Die in Kap. 1 beschriebenen Bewertungs- und Beurteilungsfehler gelten in besonderer Weise für die Verhaltensbeobachtung und werden deshalb auch oft als Beobachtungsfehler bezeichnet.

Da unsere Wahrnehmung die Wirklichkeit nicht objektiv abbildet, sondern aktiv interpretiert (vgl. Kap. 1), neigen wir dazu, wenn wir über das Verhalten anderer berichten, unsere Verhaltensbewertungen weiterzugeben und nicht die tatsächlich beobachteten Verhaltensweisen.

Beispiel

Eine Erzieherin beobachtet im Kindergarten ein Mädchen, nennen wir es Maria, beim Basteln. Sie berichtet danach ihrer Kollegin, dass Marias Umgang mit Schere und Bleistift durchaus geschickt sei. Sie gibt damit nicht ihre Verhaltensbeobachtung weiter, sondern ihre Einschätzung oder Bewertung dessen, was sie beobachtet hat. Tatsächlich hat sie vielleicht folgendes Verhalten beobachtet: Nach dem Morgenkreis äußert Maria auf die Frage einer Erzieherin, was sie heute machen möchte, den Wunsch, einen Stern zu basteln. Daraufhin holt die Erzieherin ein Blatt Papier, auf dem ein achtzackiger Stern mit einem Durchmesser von etwa 20 cm aufgezeichnet ist. Sie bittet Maria, sich inzwischen eine Kinderschere zu holen, was diese sofort tut. Die Erzieherin zeigt Maria, indem sie den ersten Zacken des Sterns komplett selbst ausschneidet, wie das genaue Ausschneiden entlang der aufgezeichneten Linie geht. Sie begleitet ihr Tun mit dem sprachlichen Hinweis: „Die linke Hand, die das Papier hält, bleibt beim Schneiden völlig ruhig. Mit der rechten wird der leicht geöffnete vordere Teil der Schere exakt am Strich ausgerichtet. Erst dann wird zugeschnitten." Maria nimmt Papier und Schere so in die Hand, wie die Erzieherin es ihr vorgemacht hat, und befolgt auch alle anderen Hinweise

3.4 Diagnostische Methoden

exakt. Allerdings weicht sie beim Schneiden auf einer Strecke von etwa fünf Zentimetern zweimal von der vorgegebenen Linie um etwa zwei Millimeter ab. Sie merkt dies jedoch sofort und korrigiert ihr Schneiden zurück zur Linie. An der Ecke des Sterns angekommen, schneidet sie etwa einen Zentimeter zu weit, erschrickt darüber, sagt halblaut „oh, Mist" und ruft die Erzieherin.

Bereits an diesem einfachen Beispiel wird deutlich, dass die Verhaltensbeobachtung grundverschieden ist von der Einschätzung und wesentlich aufwendiger in der Weitergabe. Deshalb besteht eine wesentliche Voraussetzung für eine Verhaltensbeobachtung darin, sie sauber von einer Einschätzung oder einem Rating zu unterscheiden.

Bei einem Ratingverfahren wird das interessierende Verhalten in seiner Häufigkeit und Intensität erst im Nachhinein eingeschätzt. Der Beobachter markiert dabei seine Verhaltenseinschätzung gemäß der gewählten Beobachtungskategorie auf einer mehrstufigen Skala. Abb. 3.10 zeigt eine solche Ratingskala zum Einschätzen des Arbeitsverhaltens. Der große Nachteil dabei ist, dass man das dem Schätzurteil zugrunde liegende Verhalten aus den Ratingergebnissen nicht mehr rekonstruieren kann. Trotz dieser problematischen Datenreduktion werden solche Verfahren eingesetzt, wenn beispielsweise eine direkte Protokollierung nicht möglich ist, weil ein Verhalten zu selten und nicht vorhersehbar auftritt oder wo ein Verhalten so komplex ist, dass es nicht in verlässliche beobachtbare Teilkomponenten zerlegt werden kann. Bei Menschen mit komplexen Behinderungen ist dies oft der Fall, weswegen man dann auf die Fremdeinschätzung eines Betreuers oder eines Familienangehörigen angewiesen ist.

Das Ergebnis einer tatsächlichen Verhaltensbeobachtung ist in Abb. 3.11 zu sehen. Hier wurden Kinder mit geistiger Behinderung in einer Montessori-Schule beobachtet, um herauszufinden, inwieweit sie die Freiarbeit in der vorgeschriebenen Art und Weise nutzen. In der Montessori-Pädagogik sind die Verhaltenskategorien „geordnete Arbeit", „ungeordnete Arbeit", „Arbeit mit Hilfe", „Beobachten" und „Stören" genau definiert und operationalisiert. Montessori-Pädagog/innen wissen genau, wie sich ein Kind verhält, wenn es in der Freiarbeit geordnet oder ungeordnet arbeitet.

Der Graph in Abb. 3.11 zeigt, dass die beobachtete Schülerin zunächst etwa fünf Minuten lang nur beobachtet, dann für kurze Zeit (2 min) stört, anschließend für vier Minuten das Material in der vorgeschriebenen Art und Weise benutzt (geordnete Arbeit), dann wieder fünf Minuten lang stört, anschließend mit dem Material auf eine nicht vorgesehene Art und Weise umgeht (ungeordnete Arbeit), um anschließend zur geordneten Arbeit zurückzukehren und etwa neun Minuten dabeizubleiben.

ARBEITSWEISE

Entscheidet sich selbst für eine Arbeit					Kann selbständig arbeiten				
	1	2	3	4		1	2	3	4
fast immer					fast immer				
häufig					häufig				
gelegentlich					gelegentlich				
selten					selten				
Plant und organisiert seine Arbeit					**Zeigt Ausdauer bei der Arbeit**				
	1	2	3	4		1	2	3	4
fast immer					fast immer				
häufig					häufig				
gelegentlich					gelegentlich				
selten					selten				
Kann konzentriert arbeiten					**Zeigt Sachinteresse**				
	1	2	3	4		1	2	3	4
fast immer					fast immer				
häufig					häufig				
gelegentlich					gelegentlich				
selten					selten				

Abb. 3.10 Ratingskala zum Arbeitsverhalten (Breitenbach 1992, S. 205)

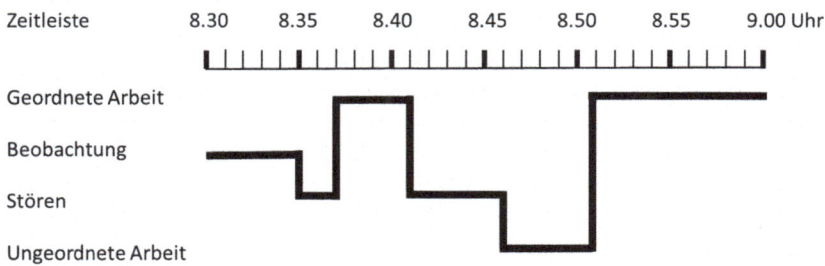

Abb. 3.11 Verhaltensbeobachtung in der Freiarbeit bei der Beschäftigung mit dem Sprachmaterial und dem Streifenbrett

Bei der Verhaltensbeobachtung wird zwischen einer unsystematischen und einer systematischen unterschieden. Beide liefern hilfreiche diagnostische Informationen, jedoch in unterschiedlicher Qualität.

3.4 Diagnostische Methoden

Die unsystematische oder freie Beobachtung entspricht der Alltagsbeobachtung und der Beobachter oder die Beobachterin gehen dabei eher naiv-anekdotisch und unstrukturiert vor. Die Beobachtungskategorien oder ein Beobachtungsziel sind nicht vorher festgelegt und die Beobachter sind nicht speziell geschult. Das Beobachtungsobjekt und der Beobachtungszeitpunkt sind zufällig gewählt oder die Wahl wird von eigenen Motiven, Einstellungen, Emotionen und Vorurteilen gesteuert.

Beispiel
Eine Lehrkraft ist zusammen mit ihren Schulkindern auf dem Pausenhof und ihr Blick wandert ziellos über die spielenden Kinder ohne jegliche Beobachtungsabsicht. Dennoch nimmt sie beim Zuschauen, ohne sich dessen bewusst zu sein, eine große Menge an Informationen über die Kinder und ihr Spielen auf. Wird sie zu einem späteren Zeitpunkt bezüglich des aggressiven Verhaltens eines ihrer Schulkinder befragt, erinnert sie sich vielleicht an eine Reihe zufällig beobachteter Szenen auf dem Pausenhof und aus dem Klassenzimmer und kann so Auskunft geben.

Diese über eine längere Zeit unsystematisch gesammelten Informationen über ein Kind unterliegen zwar zahlreichen Störvariablen und sind stark subjektiv gefärbt, aber sie sind sehr vielfältig und reichhaltig. Diese freien Beobachtungen werden zu diagnostischen Informationen, wenn verschiedene Personen gemeinsam zum Beispiel in einer Lehrerkonferenz, einer Teambesprechung oder einem Elterngespräch über das Verhalten eines Kindes nachdenken, die unterschiedlichen Beobachtungen zusammentragen und miteinander abgleichen. Die freie Beobachtung ist häufig die Vorstufe zu einer systematischen und dient der ersten Erkundung von noch wenig oder unbekannten Handlungsfeldern, um erste Hypothesen und eine erste Strukturierung des Beobachtungsgegenstands zu gewinnen.

Im Gegensatz zur unsystematischen zeichnet sich die systematische oder wissenschaftliche Verhaltensbeobachtung durch ein strukturiertes Vorgehen aus, ist aber um ein Vielfaches aufwendiger. Die Beobachter werden durch ein gezieltes Training auf ihre Beobachtungsaufgaben vorbereitet und ein erprobtes Registrierschema kommt zum Einsatz. Beobachtungsobjekte, Beobachtungssituationen, Beobachtungszeiten und Beobachtungskategorien werden vom Beobachtungszweck her gewählt, möglichst eindeutig bestimmt und vor der Beobachtung festgelegt. Die systematische Verhaltensbeobachtung führt auf diese Weise zu exakten, kontrollierten und nachvollziehbaren Informationen, aber diese Informationen beziehen sich eben nur auf einen ganz spezifischen Verhaltensausschnitt in einer ebenso spezifischen und bestimmten Situation. Die Breite und Vielfalt einer freien Verhaltensbeobachtung ist hier nicht gegeben.

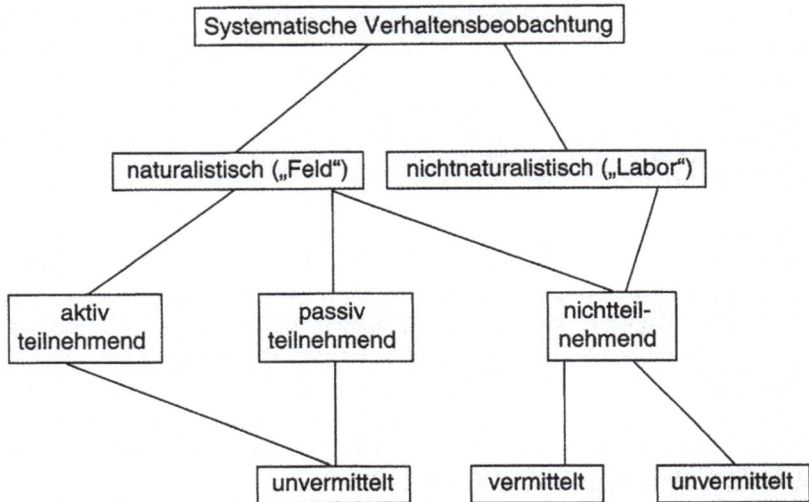

Abb. 3.12 Formen der systematischen Verhaltensbeobachtung (Breitenbach 2014, S. 94)

Die systematische Verhaltensbeobachtung kann, wie in Abb. 3.12 dargestellt, im natürlichen Umfeld oder unter Laborbedingungen durchgeführt werden. Der Beobachter kann aktiv mitgestaltend oder nur passiv registrierend in der Beobachtungssituation anwesend sein oder aber über eine Einwegscheibe unvermittelt oder über Videoaufzeichnungen vermittelt nicht-teilnehmend beobachten. Die nicht-teilnehmende Beobachtung hat den Vorteil, dass der Beobachter unsichtbar bleibt und im Gegensatz zur teilnehmenden Beobachtung die Situation nicht beeinflusst. Nachteilig könnte sich die nicht-teilnehmende Beobachtung auswirken, wenn die Beobachteten nicht wissen, dass sie beobachtet werden oder wann sie beobachtet werden. Ein solches Vorgehen ist mit Sicherheit pädagogisch bedenklich und gefährdet ein bestehendes Vertrauensverhältnis oder verhindert den Aufbau eines solchen (Faßnacht 2007).

Bei den Beobachtungsmethoden unterscheidet man die Zeitstichprobe (Time-Sampling) von der Ereignisstichprobe (Event-Sampling). Wählt man entsprechend dem Beobachtungsziel eine Zeitstichprobe, wird in einem festgelegten Zeittakt das Verhalten der beobachteten Person(en) registriert. In einer Hausaufgabensituation wird zum Beispiel alle fünf Minuten für 30 s die Interaktion zwischen Mutter und Kind erfasst. Konzentriert man sich während eines festen Zeitabschnitts auf ein bestimmtes Verhalten oder bestimmte Verhaltensweisen, handelt es sich um

3.4 Diagnostische Methoden

eine Ereignisstichprobe. Zum Beispiel würde in diesem Fall während einer Unterrichtsstunde festgehalten, wie oft sich ein bestimmtes Kind meldet oder wie lange es eigenständig arbeitet. Wie das Beispiel schon zeigt, lassen sich bei Ereignisstichproben Ereignisse (Events) von Zuständen (States) unterscheiden. Bei den Ereignissen wird registriert, wie oft ein Verhalten im Beobachtungszeitraum auftritt, und bei den Zuständen, wie lange es andauert. Die in Abb. 3.11 veranschaulichte Verhaltensbeobachtung wäre eine systematische, die eine Ereignisstichprobe (im Laufe von 30 min werden ausgewählte Verhaltensweisen registriert) erhebt und Zustände (Dauer der einzelnen Verhaltensweisen) erfasst (Breitenbach 2014).

3.4.6 Psychologische Tests

Psychologische Tests oder psychometrische Verfahren, wie sie auch genannt werden, sind nicht unbedingt ideale förderdiagnostische Instrumente. Sie sind eher von Vorteil, wenn man herausfinden möchte, inwieweit die Entwicklung eines Kindes oder die Leistungsfähigkeit eines Schulkindes dem jeweiligen Alter entspricht, ob eine Leistung als über- oder unterdurchschnittlich zu bewerten ist. Sie besitzen darüber hinaus eine große prognostische Kraft, d. h., mit ihrer Hilfe lassen sich mit zufriedenstellender Sicherheit künftige Entwicklungen wie zum Beispiel der Schulerfolg oder Bildungsabschluss voraussagen. Sie werden deshalb vorzugsweise in der Schullaufbahnberatung eingesetzt und haben ihren festen Platz in der Statusdiagnostik.

Andererseits gibt es mittlerweile eine Vielzahl von insbesondere Schulleistungstests, die nicht nur eine schulische Leistung global erfassen und anhand einer Altersnorm bewerten, sondern auch differenzierte Fehleranalysen oder Aussagen zu Teilkomponenten komplexer Kompetenzen erlauben.

Eine weitere förderdiagnostische Nutzung psychometrischer Verfahren beschreiben Börnert und Wilbert (2016) mit dem dynamischen Testen. Wie in Abb. 3.13 schematisch dargestellt, legt der Untersucher oder die Untersucherin einzelne Aufgaben zum Beispiel aus Intelligenztests vor und gibt schrittweise systematische Hilfen, die immer deutlicher auf die Aufgabenlösung hinweisen und im Idealfall zur Aufgabenlösung führen.

Das dynamische Testen scheint ein durchaus vielversprechender Ansatz zu sein, der vor allem das Lernpotenzial eines Kindes abbildet, woraus sich weiterführende Fördermaßnahmen ableiten lassen, und der eine optimale Verknüpfung von Diagnostik und Förderung ermöglich. Er erinnert sehr stark an die Methode der systematischen Aufgabenvariation von Wygotski (2002), die von Breitenbach (2007, 2014) ausführlich und mit Beispielen versehen beschrieben wird.

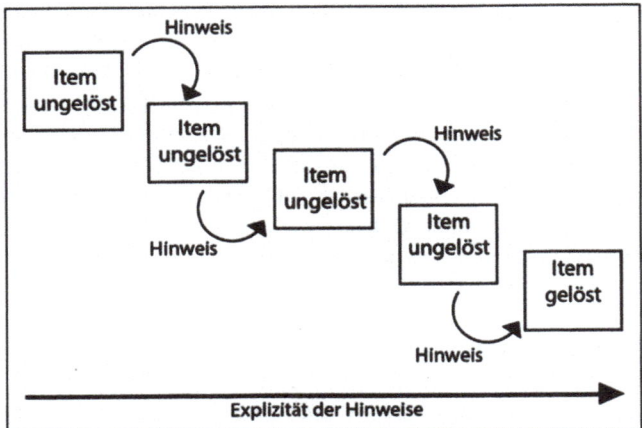

Abb. 3.13 Vorgehensweise beim dynamischen Testen in Anlehnung an den Graduated-Prompt-Ansatz (Börnert und Wilbert 2016, S. 160)

3.5 Zusammenfassung

> **Übersicht**
>
> Der Begriff des Förderbedarfs als neuer, wegweisender und alte Denkmuster überwindender Begriff erfüllt leider nicht die mit ihm verbundenen Erwartungen. Er wird weiterhin, wie im medizinischen Modell, personbezogen und im Schulsystem als institutionelle, verwaltungstechnische Kategorie benutzt. Seine Unschärfe macht auch seine diagnostische Feststellung zu einem ernsthaften Problem. Der mit dem Förderbedarf verbundene individuelle Förderplan, der als Hilfe zur qualitativen Verbesserung individueller Förderung gedacht war, wird ebenfalls kritisch und kontrovers diskutiert. Vor- und Nachteile halten sich dabei die Waage.
>
> Für die Förderdiagnostik typisch oder charakteristisch ist das Analysieren von Lernprozessen. Die Zone der proximalen Entwicklung dient dabei als hilfreiches Lern- und Entwicklungsmodell. Ein weiteres Merkmal ist das Einbeziehen des Kontextes in die förderdiagnostischen Überlegungen. Die Festlegung dessen, was in einem konkreten Fall als Kontext zu betrachten ist, gelingt unter Rückgriff auf den Begriff des Lebensraums.

> Förderdiagnostik verknüpft immer ganz konsequent Diagnostik mit Förderung, sodass die Förderung ein konstitutiver Teil der Förderdiagnostik wird. Fachliche Inhalte und übergeordneten Wertvorstellungen bestimmen als vorgeordnete Theorien wesentlich den förderdiagnostischen Prozess. Selbstverständlich sind Förderdiagnostiker/innen immer gleichermaßen an den Stärken und Schwächen ihrer Klientel interessiert.
> Die Förderdiagnostik bedient sich einer Vielzahl unterschiedlichster Methoden. Die Methodenwahl orientiert sich ausschließlich an der jeweiligen Fragestellung und den damit verbundenen Hypothesen, wie es im hypothesengeleiteten Prozess beschrieben wurde.
> Anamnese und Exploration sowie das schulische Standortgespräch richten ihren Blick eher auf die gesamte Lebens- und Lernsituation eines Menschen, um von da aus die für den Untersuchten bedeutsamen Lern- und Entwicklungsnotwendigkeiten und -möglichkeiten zu bestimmen. Auf spezifische Kompetenzen oder Leistungs- und Entwicklungsbereiche ausgerichtet sind Kompetenzinventare, Fehleranalysen, der qualitative Einsatz von psychometrischen Verfahren im dynamischen Testen und die Verhaltensbeobachtung, wobei sich die Verhaltensbeobachtung in besonderer Weise bei Verhaltensauffälligkeiten und bei der Maßnahmenevaluation anbietet.

3.6 Weiterführende Literatur

Eine umfassende Diskussion der theoretischen Grundlagen der Förderdiagnostik und der damit verbundenen Problematik bietet Breitenbach (2014).

Ähnliches findet sich auch bei Niedermann et al. (2007) mit einem sehr starken Praxisbezug sowie eine interessante Verortung der Förderdiagnostik im bio-psycho-sozialen Modell der Internationalen Klassifikation der Funktionsfähigkeit, Behinderung und Gesellschaft, ICF.

Die diagnostischen Methoden, die Lehrkräften und ihren Kompetenzen besonders naheliegen und die sich in das unterrichtende und erziehende Handeln harmonisch einfügen, sind die Verhaltensbeobachtung, die Fehleranalyse und die Kompetenzinventare. Zur vertieften Auseinandersetzung mit der Verhaltensbeobachtung wären Faßnacht (2007) sowie Jain und Spieß (2012) zu empfehlen.

Dezidiert führen Hasenbein (2016) sowie Kaufmann und Wessolowski (2006) in die Analyse der Rechenfehler ein, Herne und Naumann (2015) sowie Müller (1990) in die Analyse der Rechtschreibfehler sowie Rosenbrock und Nix (2012) in die Analyse der Lesefehler.

Ein besonders empfehlenswertes Kompetenzinventar zur Erfassung grundlegender mathematischer Kompetenzen sind die Rechenfische von Knopp (2010).

3.7 Fragen zur Vertiefung und Reflexion

Was spricht für und was gegen die Verwendung von Förderplänen in der Schule?

Mit Hilfe welcher typischer Merkmale kann die Förderdiagnostik charakterisiert werden?

Welche diagnostischen Methoden eignen sich in besonderer Weise zur Analyse von Lernprozessen?

Worin unterscheidet sich die systematische von der wissenschaftlichen Verhaltensbeobachtung?

Warum müssen Diagnostiker/innen klar zwischen einer Verhaltenseinschätzung und einer Verhaltensbeobachtung unterscheiden?

Ein Schüler vergisst beim Schreiben eines Wortes einen Buchstaben. In welche Fehlerkategorie könnte seine Lehrerin bei der Fehleranalyse diesen Fehler einordnen?

Warum ist das Fehlen von Altersnormen bei Kompetenzinventaren kein ernsthafter Mangel?

Literatur

Basendowski, S. 2013. *Die soziale Frage an (mathematische) Grundbildung.* Bad Heilbrunn: Julius Klinkhardt.

Behring, K., R. Kretschmann, und Y. Dobrindt. 2006. *Prozessdiagnose mathematischer Kompetenzen in den Schuljahren 1 und 2,* 3. Aufl. Horneburg: Persen.

Börnert, M., und J. Wilbert. 2016. Dynamisches Testen als neue Perspektive in der sonderpädagogischen Diagnostik – Theorie, Evidenzen, Impulse für Forschung und Praxis. *Zeitschrift für Heilpädagogik* 67:156–167.

Breitenbach, E. 1992. *Unterricht in Diagnose- und Förderklassen.* Bad Heilbrunn: Julius Klinkhardt.

Breitenbach, E. 2007. *Förderdiagnostik.* Würzburg: Edition Bentheim.

Breitenbach, E. 2014. *Psychologie in der Heil-und Sonderpädagogik.* Stuttgart: Kohlhammer.

Literatur

Breitenbach, E., K. Endrikat, und K. Weiland. 2018. Relevante Kriterien zur Ausbildungsreife benachteiligter Jugendlicher. *Die berufliche Rehabilitation* 32:10–23.

Bronfenbrenner, U. 1981. *Die Ökologie der menschlichen Entwicklung*. Stuttgart: Klett-Cotta.

Bundschuh, K., M. Scholz, und S. Reiter. 2007. Konzeptualisierung einer praxisnahen und kompetenzorientierten Förderplanung. *Zeitschrift für Heilpädagogik* 58:430–438.

Diehl, K. 2011. Innovative Lesediagnostik – Ein Schlüssel zur Prävention von Lese-Rechtschreibschwierigkeiten. *Zeitschrift für Heilpädagogik* 62:164–175.

Faßnacht, G. 2007. *Systematische Verhaltensbeobachtung*. Stuttgart: UTB.

Fisseni, H.-J. 2004. *Lehrbuch der psychologischen Diagnostik. Mit Hinweisen zur Intervention*, 3. Aufl. Göttingen: Hogrefe.

Greving, H., und P. Ondracek. 2005. *Handbuch Heilpädagogik*. Troisdorf: Bildungsverlag EINS.

Hasenbein, K. 2016. *Förderdiagnostik. Aus Fehlern lernen*, 4. Aufl. Braunschweig: Diesterweg.

Herne, K., und C.L. Naumann. 2015. *AFRA – Aachener Förderdiagnostische Rechtschreibfehler-Analyse*. Göttingen: Hogrefe.

Hofmann, C. 1998. Förderdiagnostik und Versagen – situationsdiagnostische Anmerkungen. *Zeitschrift für Heilpädagogik* 49:4–13.

Hollenweger, J., und R. Luder. 2010. Schulische Standortgespräche. Ein Verfahren zur Förderplanung und zur Zuweisung von sonderpädagogischen Maßnahmen. *Sonderpädagogische Förderung heute* 55:271–283.

Jain, A., und R. Spieß. 2012. Versuchspläne der experimentellen Einzelforschung. *Empirische Sonderpädagogik* 4:211–245.

Kamm, S. 1990. Leseanalyse – Leseförderung. In *Teilleistungsschwächen. Prävention und Therapie*, Hrsg. H. Brunstig, H. Keller, und J. Steppacher, 227–240. Luzern: Edition SZH/SPC.

Kaufmann, S., und S. Wessolowski. 2006. *Rechenstörungen Diagnose und Förderbausteine*. Seelze: Kallmeyer.

Kießling, A. 1925. *Die Bedingungen der Fehlsamkeit*. Leipzig: Julius Klinkhardt.

Kany, W., und H. Schöler. 2009. *Diagnostik schulischer Lern- und Leistungsschwierigkeiten*. Stuttgart: Kohlhammer.

Knopp, E. 2010. *Theoretische Grundlagen, Konzeption und Güte des Inventars „Rechenfische". Ein Verfahren zur Dokumentation von Fortschritten im Erlernen arithmetischer Kenntnisse im Anfangsunterricht Mathematik*. München: Dr. Hut.

Knopp, E., und B. Hartke. 2010. Das Inventar Rechenfische – Anwendung, Reliabilität und Validität eines Verfahrens zur Erfassung des Leistungsstandes von Erstklässlern in Mathematik. *Empirische Sonderpädagogik* 3:5–25.

Kornmann, R. 2010. Inklusiv orientierte Unterrichtsgestaltung und Aufgaben der pädagogischen Diagnostik. *Sonderpädagogische Förderung heute* 55:252–270.

Kretschmann, R. 2006. „Pädagnostik". Optimierung pädagogischer Angebote durch differenzierte Lernstandsdiagnosen unter besonderer Berücksichtigung mathematischer Kompetenzen. In *Die Entwicklung mathematischen Denkens in Kindergarten und Grundschule. Beobachten – Fördern – Dokumentieren*, Hrsg. M. Grüßing und A. Peter-KooS. 29–54. Offenburg: Mildenberger.

Lewin, K. 1969. *Grundsätze der topologischen Psychologie*. Stuttgart: Huber.

Lindmeier, B., und C. Lindmeier. 2012. *Pädagogik bei Behinderung und Benachteiligung. Band I: Grundlagen.* Stuttgart: Kohlhammer.

Lobeck, A. 1992. *Rechenschwäche Geschichtlicher Rückblick, Theorie und Therapie.* Luzern: Edition SZH/SPC.

Melzer, C. 2010. Wie können Förderpläne effektiv sein und eine professionelle Förderung unterstützen? *Zeitschrift für Heilpädagogik* 61:212–220.

Meyer, M., und C. Jansen. 2016. Partizipation und Diagnostik. In *Partizipation und Diagnostik*, Hrsg. M. Meyer und C. Jansen, 203–213. Bad Heilbrunn: Klinkhardt.

Moor, P. 1965. *Heilpädagogik.* Bern: Huber.

Müller, X., M. Vennez, und C. Keiser. 2017. Nutzen von individuellen Förderplänen: Theoretischer Fachdiskurs und Wahrnehmung von Fachpersonen in der Schule. *Vierteljahresschrift für Heilpädagogik und ihre Nachbargebiete* 86:116–126.

Müller, R. 1990. *Diagnostischer Rechtschreibtest für 2 Klassen.* Weinheim: Beltz.

Mutzek, W., und C. Melzer. 2007. Kooperative Förderplanung-Erstellen und Fortschreiben individueller Förderpläne (KEFF). In *Förderplanung. Grundlagen, Methoden, Alternativen*, 3. Aufl, Hrsg. W. Mutzek, 199–239. Weinheim: Beltz.

Naggl, M., und S. Höck. 2009. Der Anamnesebogen der Arbeitsstelle Frühförderung Bayern. *Frühförderung interdisziplinär* 28:23–35.

Niedermann, A., R. Schweizer, und J. Steppacher. 2007. *Förderdiagnostik im Unterricht.* Luzern: Edition SZH/SPC.

Rauschenberger, H. 1967. Über das Lehren und seine Momente. In *Zum Bildungsbegriff der Gegenwart*, Hrsg. H.-J. Heydorn, B. Simonsohn, F. Hahn, und A. Hertz, 64–110. Frankfurt a. M.: Diesterweg.

Rosenbrock, C., und D. Nix. 2012. *Grundlagen der Lesedidaktik und der schulischen Leseförderung*, 5. Aufl. Baltmannsweiler: Schneider Hohengeren.

Schlee, J. 1985. Helfen verworrene Konzepte dem Denken und Handeln in der Sonderpädagogik? Eine Auseinandersetzung mit der Förderpädagogik. *Zeitschrift für Heilpädagogik* 36:860–891.

Schuck, K.D. 2004. Zur Bedeutung der Diagnostik bei der Begleitung von Lern- und Entwicklungsprozessen. *Zeitschrift für Heilpädagogik* 55:350–360.

Schuck, K.D. 2016. Fördern, Förderung, Förderbedarf. In *Handlexikon der Behindertenpädagogik*, Hrsg. M. Dederich, I. Beck, G. Antor, und U. Bleidick, 116–120. Stuttgart: Kohlhammer.

Sloterdijk, P. 2011. *Du mußt dein Leben ändern. Über Anthropotechnik.* Frankfurt a. M.: Suhrkamp.

Speck, O. 2012. Förderbedarf und Kompetenzzentren in Allgemeinen Schulen. *Zeitschrift für Heilpädagogik* 63:503–511.

Staatsinstitut für Schulpädagogik und Bildungsforschung. 1992. *Handreichung zur Förderung von Kindern mit besonderen Schwierigkeiten beim Erlernen des Lesens und Rechtschreibens.* Donauwörth: Auer.

Theunissen, G. 2013. Förderung. In *Handlexikon Geistige Behinderung*, Hrsg. G. Theunissen, W. Kulig, und A. Schibort, 130–131. Stuttgart: Kohlhammer.

Uhlemann, A. 2011. Die Förderverlaufsdokumentation – Ein Instrument zur kontinuierlichen Erfassung der Wirksamkeit in der pädagogisch-therapeutischen Einzelarbeit. *Vierteljahresschrift für Heilpädagogik und ihre Nachbargebiete* 80:331–340.

Weimer, H. 1924. *Psychologie der Fehler*. Leipzig: Julius Klinkhardt.
Weimer, H. 1926. *Fehlerbehandlung und Fehlerbewertung*. Leipzig: Julius Klinkhardt.
Weingardt, M. 2004. *Fehler zeichnen uns aus*. Bad Heilbrunn: Julius Klinkhardt.
Wygotski, L.S. 2002. *Denken und Sprechen*. Weinheim: Beltz.
Ziemen, K. 2016. Inklusion und diagnostisches Handeln. In *Diagnostik im Kontext inklusiver Bildung. Theorien, Ambivalenzen, Akteure, Konzepte*, Hrsg. B. Amrhein, 39–48. Bad Heilbrunn: Julius Klinkhardt.

Fallbeispiel zur Förderdiagnostik 4

Zusammenfassung

Das an eine reale Fallgeschichte von Hatz (2009) angelehnte Fallbeispiel „Sascha" soll die bisherigen Ausführungen zur Förderdiagnostik vertiefen und mit Praxis anreichern. Da das Leben bekanntlich seine eigenen Geschichten schreibt, stehen die Fachleute nur selten klar über- und durchschaubaren Problemsituationen gegenüber, sondern in der Regel einem Gewirr sich gegenseitig bedingender Problemlagen. Die erhobenen Befunde sind keineswegs immer eindeutig und die Förderung verläuft selten idealtypisch. Unvorhersehbare Ereignisse stören das planmäßige Vorgehen und schmälern den erwarteten Erfolg. Das Fallbeispiel folgt dem förderdiagnostischen Prozess und beginnt mit der Problemstellung, dem Erstellen und Prüfen diagnostischer Hypothesen und endet mit der Förderplanung und Förderung.

4.1 Problem und Fragestellung

Sascha ist bereits zehn Jahre alt und besucht die dritte Klasse einer Sprachheilschule. Die derzeitige Lehrkraft beschreibt ihn als freundlichen, gut in die Klasse integrierten Jungen, der trotz massiver Lernschwierigkeiten einen fröhlichen und ausgeglichenen Eindruck vermittelt. An der Schule für sprachbehinderte Kinder wird lernzielgleich nach dem Lehrplan der Regelgrundschule unterrichtet und Saschas Lehrerin bemerkt sehr schnell, dass seine schriftsprachlichen Fähigkeiten deutlich hinter denen seiner Klassenkameraden und Klassenkameradinnen zurückbleiben.

Die regelmäßige Überprüfung der Lese- und Rechtschreibkompetenzen zeigt bei Sascha im Gegensatz zu den anderen Kindern seiner Klasse trotz individueller Förderung und guter Lernmotivation nicht die erwarteten Lernfortschritte. Die Leistungen im Rechnen bewegen sich im Klassendurchschnitt und werden von der Lehrerin als altersgemäß bewertet. Die Lehrerin nimmt zunächst Kontakt mit dem Schulpsychologischen Dienst auf und äußert ihren Verdacht auf eine bei Sascha bestehende umschriebene Lese-Rechtschreibstörung oder Legasthenie, was ihr nach entsprechenden Untersuchungen vom Schulpsychologischen Dienst bestätigt wird. Da die Eltern einer außerschulischen Therapie nicht zustimmen, beschließt Saschas Lehrerin, mit Unterstützung durch den Schulpsychologischen Dienst, im Rahmen der Schule eine entsprechende Förderung zu organisieren und die notwendige Förderdiagnostik durchzuführen.

4.2 Exploration und Anamnese

Im Erstgespräch berichtet die Mutter von Saschas ständigen Erkältungen im Kleinkindalter mit nicht enden wollendem Schnupfen und Husten. Sein Sprechen sei von Anfang an verwaschen und undeutlich gewesen, sodass ihn im Grunde nur die Menschen, die ständig mit ihm zusammen waren, verstanden haben. Einen Kindergarten habe Sascha nicht besucht, da die Familie keine Möglichkeit sah, Sascha dorthin zu bringen und wieder abzuholen.

Im schulärztlichen Bericht zur Einschulungsuntersuchung wird Dysgrammatismus (d. h., das Sprechen ist mehr oder weniger grammatikalisch falsch) und Dyslalie (d. h., einzelne Laute oder Lautverbindungen können nicht korrekt artikuliert werden) diagnostiziert und auf abgefaulte Milchzähne hingewiesen. Den Eltern wird die Einschulung in eine Sprachheilschule sowie eine logopädische Behandlung nahegelegt. Die Eltern folgen der Einschulungsempfehlung nicht und Sascha besucht die ortsansässige Grundschule. Eine logopädische Behandlung wird nach der Einschulung auf Anraten der Grundschullehrerin begonnen, aber nach wenigen Terminen von den Eltern abgebrochen.

Die Schuleingangsuntersuchung erbringt weiterhin, so ist im Untersuchungsbericht zu lesen, Hinweise auf nicht altersgemäß entwickelte visuomotorische Fähigkeiten, Unsicherheiten in der Rechts-Links-Unterscheidung und im Benennen von Farben. Der durchgeführte Mann-Zeichen-Test lässt einen allgemeinen Entwicklungsrückstand vermuten.

Der Schülerakte ist zu entnehmen, dass Sascha die erste Klasse besucht und zunächst auch in die zweite versetzt wird. Bereits im November wird er jedoch in die erste Jahrgangsstufe zurückversetzt. Die Begründung für diesen Schritt sind noch immer vorhandene auffällige Artikulation mit unvollständigem Lautbestand und sehr geringe Lernfortschritte insbesondere im Fach Deutsch. Nach Beendigung der ersten Klasse wechselt Sascha aufgrund eines Umzugs die Schule und besucht dort die zweite Klasse. Durch die neue Lehrerin wird aufgrund sehr schwacher schulischer Leistungen der zuständige Mobile Sonderpädagogische Dienst (MSD) eingeschaltet, der einen sonderpädagogischen Förderbedarf im Bereich der Sprache feststellt und den Eltern einen Wechsel an die Sprachheilschule rät. Die Eltern folgen diesmal der Empfehlung der Schule. Im Einzelnen führt die diagnostische Untersuchung des MSD laut vorliegender Schülerakte zu folgenden Ergebnissen:

- schwere Lese-Rechtschreibstörung mit besonderem Förderbedarf vor allem im Lesen,
- deutliche Defizite in den Bereichen der optisch-grafomotorischen, akustisch-phonematischen und kinästhetisch-artikulatorischen Differenzierungsfähigkeit (Unterscheiden von ähnlichen geometrischen Figuren und ähnlich klingenden Lauten sowie das Nachsprechen ähnlicher Laute und Wörter), festgestellt mit der Differenzierungsprobe von Breuer und Weuffen (1980),
- nicht altersgemäße verwaschene Spontansprache mit nicht korrekt artikulierten Konsonantenverbindungen,
- grammatikalische Unsicherheiten, einfacher Satzbau und Verwendung sprachlicher Stereotypien,
- fehlerhaftes Abschreiben, schwer leserliche Schrift,
- Konzentrationsschwäche,
- unauffällige mathematische Leistungen, und damit keine umfassende Lernbehinderung, sondern eine umschriebene Störung des Schriftspracherwerbs.

Eine zur gleichen Zeit durchgeführte ärztliche Untersuchung bescheinigt eine unauffällige Grob- und Statomotorik (= Halte- und Stellreflexe) sowie intaktes Seh- und Hörvermögen.

Obwohl Sascha am Ende der zweiten Klasse altersgemäße Texte noch nicht selbstständig erlesen kann, wird er in die nächsthöhere Jahrgangsstufe versetzt.

4.3 Hypothesen über den Bedingungshintergrund

Gemeinsam mit einer Mitarbeiterin des Schulpsychologischen Dienstes überdenkt die Sprachheillehrerin Saschas derzeitigen Entwicklungsstand sowie seine aktuelle Lernsituation und sucht nach möglichen Erklärungen für die extrem schwachen Lese- und Rechtschreibleistungen. Ihre Überlegungen führen sie zu folgenden Annahmen und Vermutungen:

- Die spärlichen Informationen über die vorschulische Zeit und die Untersuchungsergebnisse des MSD legen den Verdacht nahe, dass bei Sascha eine Sprachentwicklungsverzögerung mit erheblichen Störungen im Bereich der auditiven Verarbeitung vorlag. Die gleichen Bedingungen, die die Entwicklung der Lautsprache beeinträchtigten, wirken sich nun negativ auf den Schriftspracherwerb aus. Besonders betroffen ist vermutlich die auditive Differenzierungsfähigkeit. Ähnlich klingende Laute können nicht sauber auseinandergehalten werden wie zum Beispiel „b" und „d", „g" und „k" oder „d" und „t". Konsonantenverbindungen („br", „dr" oder „kr") verschwimmen zu einem Laut.
- Des Weiteren wäre denkbar, dass die phonologische Bewusstheit als Vorläuferfertigkeit für den Schriftspracherwerb noch nicht in ausreichendem Maße entwickelt ist. Sätze können nicht zuverlässig in ihre einzelnen Wörter und die Wörter nicht in Silben und einzelne Laute zerlegt werden.
- Die Phonem-Graphem-Korrespondenz oder die feste Verbindung von Lauten mit den dazugehörigen Schriftzeichen ist vermutlich noch nicht fest und sicher genug.
- Die feinmotorische oder genauer grafomotorische Steuerung könnte noch sehr aufwendig und zu wenig automatisiert ablaufen. Die Schreibbewegungen werden dadurch üblicherweise stark verlangsamt und die Schriftzeichen gelingen nicht formgenau. Wenn noch zu viel Aufmerksamkeit für das Koordinieren der Schreibbewegung aufgewendet werden muss, verbleibt zwangsläufig zu wenig Aufmerksamkeit für das richtige Schreiben.
- Der Schriftspracherwerb könnte zusätzlich durch Gedächtnisprobleme erschwert werden. Wortbilder und Zeichen-Lautverbindungen werden im Langzeitgedächtnis nicht verlässlich abgespeichert und können wahrscheinlich auch nicht schnell genug abgerufen werden. Das Arbeitsgedächtnis, das zum Beispiel sprachliches Material solange zur Verfügung stellt, bis es analysiert und verstanden ist, oder das einzelne sprachliche Bausteine solange parat hält, bis daraus ein Wort oder ein Satz synthetisiert ist, könnte in seiner Funktion eingeschränkt sein. Die Folgen sind meist Dysgrammatismen, gehäufte Rechtschreibfehler bei langen Wörtern oder Sätzen, stark reduziertes Leseverständnis, Probleme beim Kopfrechnen und beim Ausführen von Auftragsketten.
- Probleme in der visuellen Informationsverarbeitung könnten ebenfalls eine Rolle spielen. Bei Differenzierungsschwächen werden vom Schriftbild her ähnliche Schriftzeichen verwechselt (m und n) oder die Reihenfolge der Buch-

staben wird nicht sicher erkannt (ie oder ei). Schwächen im Erkennen der Raum-Lage führen zu Verwechslungen von „b" und „d" oder „M" und „W", die formgleich sind, aber unterschiedlich im Raum liegen.

- Vermutlich werden die Rechtschreibregeln noch nicht beherrscht und zu wenig beachtet.
- Wenn Lesen und Schreiben nur extrem langsam gelingt, anstrengend ist und sich kaum sichtbare oder keine Lernfortschritte einstellen, macht Lesen und Schreiben keinen großen Spaß, kann man nicht stolz auf entsprechende Lernleistungen sein. Damit geht in der Regel die Motivation zum Lesen und Schreiben stark zurück.
- Der Erstunterricht könnte für Sascha zu schnell fortgeschritten sein und ihm deshalb zu wenig Zeit und Möglichkeit für die Festigung der neuen Inhalte durch Üben geboten haben.
- Die Unterstützung im familiären Umfeld zum Beispiel beim Erledigen der Hausaufgaben könnte gefehlt haben. Zuhause gab es vielleicht niemanden, der Saschas Probleme beim Lesen- und Schreibenlernen bemerkt und sich Sorgen gemacht hat oder ihn gar zum zusätzlichen Üben angehalten hat.

4.4 Prüfen der Hypothesen

Als Erstes reflektiert Saschas Lehrerin ihre bisher beiläufig oder auch gezielt gesammelten Beobachtungen und tauscht sich dabei mit der Referendarin aus, die für einige Stunden zusätzlich in der Klasse unterrichtet und die Sascha hin und wieder einzeln in Lesen und Rechtschreiben fördert. Folgende diagnostische Informationen können auf diese Weise gesammelt werden:

- Sascha kann lediglich einfache Wörter lesen, auf Satz- oder Textebene scheitert er regelmäßig. Die sichere Sinnentnahme beschränkt sich ebenfalls nur auf gelesene Wörter. Es besteht der Eindruck, als habe er, wenn er am Ende längerer Wörter oder eines Satzes angekommen ist, das anfangs Gelesene bereits wieder vergessen. Das Lesetempo ist extrem verlangsamt.
- Beim Schreiben lässt er manchmal einzelne Lautzeichen aus, fügt nicht vorhandene hinzu oder verwechselt ihre Reihenfolge. Ähnlich klingende Laute werden verwechselt und können damit auch nicht korrekt verschriftet werden. Wort- und Satzgrenzen werden beim Schreiben kaum beachtet und Rechtschreibregeln kaum berücksichtigt. Manchmal fehlen in den diktierten Sätzen sogar ganze Wörter.

- Saschas Schriftbild ist sehr ungleichmäßig und die geschriebenen Zeichen sind wenig formtreu. Aufgeschriebenes ist teilweise so entstellt, dass Sascha es selbst nicht mehr lesen kann.
- Sein Arbeitstempo ist überall, wo er auf Schriftsprache trifft, sehr langsam, nicht selten aber auch oberflächlich und überhastet. Anstatt die Wörter genau zu erlesen, versucht er sie möglichst schnell zu erraten.
- Die mangelhaften Leistungen scheinen sich jedoch erstaunlicherweise nicht ungünstig auf seine Lern- und Leistungsmotivation auszuwirken. Er lässt sich bereitwillig auf schriftliche Aufgabenstellungen ein und ist sehr bemüht, sie entsprechend den Vorgaben, so gut es eben geht, zu bearbeiten. Am Unterrichtsgeschehen beteiligt er sich mit mündlichen Beiträgen gern und rege.
- Es fällt Sascha jedoch schwer, über eine längere Zeitspanne hinweg (ca. 20 min), aufmerksam dem Unterricht zu folgen. Mündliche Arbeitsaufträge müssen für ihn mehrfach wiederholt werden, da er sie immer wieder vergisst. Auch im Unterricht ausführlich erarbeitete und mehrfach wiederholte Inhalte stehen ihm nach wenigen Tagen nicht mehr zur Verfügung.
- Eine nennenswerte Unterstützung durch das Elternhaus ist nicht vorhanden. Hausaufgaben werden oftmals unvollständig, mitunter auch gar nicht erledigt. Nicht selten fehlen Sascha wichtige Lern- und Arbeitsmaterialien.
- Abgesehen von Sachaufgaben kann Sascha die Leistungsanforderungen in Mathematik erfüllen. Schriftliche Arbeitsaufträge im Rechnen kann er konzentriert, ausdauernd und vollständig erledigen.
- Trotz immer noch verwaschener Aussprache ist die Kommunikation nicht eingeschränkt. Einen komplizierten Sachverhalt zusammenhängend und einem roten Faden folgend mitzuteilen, fällt schwer. Der Satzbau ist einfach und der Wortschatz eingeschränkt

Eine Fehleranalyse der letzten Diktate bestätigt die das Rechtschreiben betreffenden Beobachtungen: viele Verstöße gegen alle Rechtschreibregeln und noch zahlreiche Fehler beim lautgetreuen Schreiben. Sascha schreibt noch nicht durchgehend für jeden hörbaren Laut ein mögliches Zeichen.

Die in der Klasse tätige Referendarin führt zusätzlich noch einige psychometrische Verfahren durch. Als Rechtschreibtest wählt sie die Hamburger Schreibprobe von May (2002). In allen Auswertungsbereichen liegen die überprüften Leistungen im unterdurchschnittlichen Bereich. Das Ergebnis in der Kategorie „Alphabetische Strategie" zeigt, dass die grundlegende Fähigkeit zum lautgetreuen Schreiben noch nicht altersgemäß entwickelt ist. Das unterdurchschnittliche Ergebnis bei den Graphemtreffern verweist auf Unsicherheiten in der lautlichen Durchgliederung von Wörtern und in der Phonem-Graphem-Zuordnung.

Das Ergebnis im Lautoperationsverfahren nach Kossow (2000) macht offensichtlich, dass die phonologische Bewusstheit als wichtige Basiskompetenz oder Vorläuferfertigkeit für den Schriftspracherwerb nicht in befriedigendem Umfang vorhanden ist. Das Gesamtergebnis liegt mit einem Prozentrang von drei (= 97 % der Gleichaltrigen erbringen bessere Leistungen) im deutlich unterdurchschnittlichen Bereich. Große Unsicherheiten treten noch in den Bereichen Synthese und Analyse auf, bei der An- und Auslautbestimmung, der lautlichen Durchgliederung einzelner Wörter, dem Syllabieren und beim Zusammensetzen eines Wortes aus Silben oder Einzellauten. Schwierig gestaltet sich auch noch die phonematische Differenzierung von Um- und Zwielauten, von ähnlich klingenden Konsonanten oder Konsonantenverbindungen.

Die informelle Überprüfung der Buchstabenkenntnis bringt weitere Lerndefizite ans Licht. Das Wiedererkennen vorgelegter Buchstaben gelingt besser als das Aufschreiben nach Laut-Diktat. Einzelne Buchstaben können nicht benannt und das zu einem Laut gehörige Buchstabenbild nicht erinnert und aufgeschrieben werden. Fehler zeigen sich bei folgenden Phonem-Graphem- oder Graphem-Phonem-Verbindungen: f, v, j, J, y, m, n, qu, Qu, x, X, Eu, eu, Äu, äu Au, au, c, C. Einige Buchstaben konnten lediglich in Druckschrift und nicht in Schreibschrift wiedergegeben werden.

Zur Überprüfung des Arbeitsgedächtnisses wurde der Subtest „Zahlenfolgen-Gedächtnis" aus dem Psycholinguistischen Entwicklungstest von Angermaier (1977) herangezogen. Ein T-Wert von 38, was einem Prozentrang von elf entspricht (= 89 % der Gleichaltrigen erbringen bessere Leistungen), zeigt hier einen weiteren deutlichen Entwicklungsrückstand.

Die Durchführung eines Lesetests auf Satzebene wie zum Beispiel anhand des Salzburger Lese-Screenings von Mayringer und Wimmer (2003) war aufgrund der zu geringen Lesekompetenz nicht möglich.

Alle aufgestellten Hypothesen konnten durch die diagnostischen Informationen bestätigt werden, bis auf die Annahme der mangelnden Leistungs- und Lernmotivation.

4.5 Förderplanung und zweite Hypothesenbildung

Da weder die Wiederholung einer Klassenstufe noch die individuelle Förderung im Rahmen des Klassenunterrichts den erwünschten Lernerfolg brachten, scheint eine intensive mindestens zweimal wöchentlich stattfindende Einzelförderung angezeigt. Das größte Lernhemmnis ist mit Sicherheit in der extrem geringen Lesekompetenz zu sehen, ihr sollte in der Förderung daher höchste Priorität eingeräumt werden. Sobald hierbei deutliche Fortschritte zu erkennen sind, könnte sich eine strategiegeleitete Rechtschreibförderung anschließen.

Das oberste Förderinteresse gilt also zunächst der Lesekompetenz, das zweite der Verbesserung im lautgetreuen Schreiben und das dritte bezieht sich auf die Elternarbeit, um für Sascha eine größere familiäre Unterstützung zum Beispiel beim Erledigen der Hausaufgaben zu erreichen.

Als hilfreich könnte sich auch ein Nachteilsausgleich (längere Bearbeitungszeiten bei schriftlichen Arbeiten, Vorlesen der Aufgabenstellungen in allen Fächern) und die Aussetzung der Benotung im Fach Deutsch erweisen. Wichtige Texte könnten vergrößert zur Verfügung gestellt werden und eine Anlauttabelle, auf die bei Unsicherheiten im Bereich der Buchstaben zurückgegriffen werden kann, wäre vermutlich sinnvoll. Die Sitznachbarn könnten als Helfer eingesetzt werden, die beispielsweise beim Erlesen von Arbeitsanweisungen Sascha zur Seite stehen.

4.6 Förderung

Der Nachteilsausgleich wurde durch die Klassenkonferenz gewährt und alle Stützmaßnahmen im Unterricht konnten umgesetzt werden. Die Einzelförderung zweimal wöchentlich parallel zum Deutschunterricht in der Schule übernahm ein Kollege mit einer Ausbildung zum Legasthenietherapeuten und setzte mit Beginn des dritten Schuljahres ein.

4.6.1 Leseförderung

Zu Beginn des Förderprozesses nahmen spielerisch durchgeführte Übungen zur Verbesserung der phonologischen Bewusstheit großen Raum ein. Ganz besonders wurde in diesem Zusammenhang auf die Steigerung der Synthesefähigkeit Wert gelegt. Mündliche Übungen zum Zusammensetzen von Silben zu Wörtern und von Einzellauten zu Silben bzw. zu ein- oder zweisilbigen, später auch dreisilbigen Wörtern waren fester Bestandteil jeder Fördereinheit. Vielfältige Übungsformen wie zum Beispiel Anlaut-Domino und Buchstabenmemory förderten die Phonem-Graphem-Zuordnung und die auditive Merkfähigkeit.

Die Automatisierung des Lesens und damit die Steigerung der Lesegeschwindigkeit wurde durch Üben mit Silbenteppichen angestrebt. Spielerische Übungen zum rhythmisch-melodischen Sprechschwingen (Silben schreiten, Silben klatschen) unterstützten zusätzlich die Fokussierung auf die Silbe und förderten das Erfassen der Silbenstruktur von mehrsilbigen Wörtern.

4.6 Förderung

Begleitend wurden entsprechend der zunehmenden Lesefertigkeit Übungen zum sinnentnehmenden Lesen auf Wort-, Satz- und Textebene einbezogen. Wort-Bild- oder Satz-Bild-Zuordnungen, Lückensätze oder Lückentexte waren eingesetzte Übungsformen.

Gegen Saschas Tendenz zu flüchtigem, ratendem Lesen half die Aufforderung, alles Gelesene sofort auf seine Sinnhaftigkeit hin zu prüfen, schwierige Wörter im Text zu identifizieren und zu verstehen und nicht zu überspringen.

Um die Lesefreude durch das erfolgreiche Lesen umfangreicher, interessanter Texte zu erhöhen, wurde das sogenannte „Schattenlesen" praktiziert. Dabei werden die Texte gleichzeitig zu zweit oder zu mehreren laut gelesen.

4.6.2 Förderung des lautgetreuen Schreibens

Die nach einem halben Jahr einsetzende Förderung des lautgetreuen Schreibens erfolgte schwerpunktmäßig unter Rückgriff auf die Methode von Reuter-Liehr (2001). Rhythmisch-melodisches Sprechen und Sprechschwingen diente hier auch dem Erlernen der elementaren Rechtschreibstrategie, dem Sprechschreiben. Über das Einüben einer Pilotsprache, die gleichzeitig auch als artikulatorische Übung gegen die verwaschene Aussprache helfen sollte, und das laute Mitsprechen beim Schreiben konnten die erforderlichen Selbststeuerungsprozesse angestoßen und entwickelt werden.

Erst nach einem Jahr, zu Beginn der vierten Klassenstufe, wurden Rechtschreibregeln zum Inhalt der Förderung. Über die Differenzierung von langen und kurzen Vokalen konnte neben der Groß- und Kleinschreibregel auch die Regel zur Dehnung und Konsonantenverdopplung erarbeitet werden.

4.6.3 Elternarbeit

Die Kontaktaufnahme zu den Eltern gestaltete sich zunächst schwierig. Erst nach mehrfacher Terminabsage durch die Eltern kam ein Gespräch mit ihnen zustande. Zunächst wurde den Eltern Saschas Lernproblematik ausführlich erläutert und aufgezeigt, was durch die Schule alles unternommen wird, um Saschas Lernrückstände aufzuholen. Überlegungen zu Möglichkeiten der häuslichen Unterstützung scheiterten immer wieder an der fehlenden Zeit, da Vater und Mutter erwerbstätig waren und sehr müde nach Hause kamen. Es bedurfte weiterer Gespräche, bis kleine Absprachen zur Kontrolle der Hausaufgaben eingehalten werden konnten und fehlende Arbeitsmaterialen zügig ergänzt wurden. Begeistert durch die Lesefortschritte ihres Sohnes waren die Eltern gegen Ende der vierten Klasse bereit, mehr oder weniger regelmäßig kleine gut vorbereitete Leseübungen zu Hause zu übernehmen.

4.7 Evaluation der Fördermaßnahmen

Die Klassenlehrerin beobachtete vor allem im Laufe der vierten Klasse ein langsames, aber kontinuierliches Anwachsen der geförderten Lese- und Rechtschreibfähigkeiten. Sascha konnte sogar mit beachtlichem Erfolg an der landesweiten Überprüfung der Lesekompetenzen für vierte Klassen teilnehmen. Mit zusätzlichen Strukturierungshilfen erzielte er 7,5 von 13 möglichen Punkten.

Am Ende der vierten Klasse fand im Rahmen der Einzelförderung eine Überprüfung der Lese- und Rechtschreibleistungen mithilfe psychometrischer Verfahren statt. Noch zu Beginn des dritten Schuljahres war die Durchführung eines Lesetests nicht möglich gewesen. Nun erreichte Sascha im Salzburger Lese-Screening (SLS) mit einem Lesequotienten von 83 (Mittelwert 100) ein fast schon durchschnittliches Ergebnis. Entsprechende Leistungen ergaben sich auch im Salzburger Lese- und Rechtschreibtest (SLRT) beim Erkennen häufiger Wörter (Prozentrang 21–30) und beim Erlesen von Pseudowörtern (Prozentrang 21–30). Noch deutlich nicht altersgemäß waren die Leseleistungen bei zusammengesetzten Wörtern und kleinen Texten (Prozentrang 6).

Das Ergebnis im Diagnostischen Rechtschreibtest für dritte Klassen (DRT 3) von Müller (2003) zeigte deutliche Fehlerschwerpunkte im Beachten von Rechtschreibregeln. Nur noch wenige Fehler konnten in den Fehlerkategorien der Wortdurchgliederung und Wahrnehmungstrennschärfe gefunden werden, was als Beleg für die deutlich verbesserte lautliche Durchgliederung von Wörtern gelten kann. Die Verstöße gegen eine lautgetreue Schreibung waren deutlich reduziert und traten nur noch vereinzelt auf. Diese positive Leistungsentwicklung bestätigten auch die Testergebnisse aus dem Salzburger Lese- und Rechtschreibtest (SLRT). In der Auswertungskategorie „Verstöße gegen die lautgetreue Schreibweise" (N-Fehler) machte Sascha nur zwei Fehler. Dem standen jedoch 16 Fehler aus dem orthografischen Bereich gegenüber. Eine weitere gezielte Einzelförderung mit dem Förderschwerpunkt Rechtschreibregeln war damit angezeigt und wurde auch durchgeführt.

Saschas schulische Leistungen sind auf einem mittleren Niveau recht stabil, im Fach Mathematik jedoch immer noch deutlich besser als im Fach Deutsch.

4.8 Zusammenfassung

> **Fazit**

Das berichtete Fallbeispiel illustriert sehr anschaulich die Modellvorstellung von Förderdiagnostik als einem hypothesengeleiteten und hypothesenprüfenden Prozess (siehe Abschn. 1.3.3). Die Lehrerin beginnt den förderdiagnostischen Prozess, indem ihr die sehr schlechten Leistungen im Lesen und Schreiben auffallen, und stellt sich daraufhin die Frage, ob eine umschriebene Lese-Rechtschreibschwäche vorliegt, die eine spezifische und intensive Förderung notwendig macht. Sie trägt alle ihr zur Verfügung stehenden Informationen über den Jungen zusammen und generiert mit fachlicher Unterstützung durch den Schulpsychologischen Dienst plausible Hypothesen über die Entstehung und das Ausmaß der Lese-Rechtschreibstörung. Diese Hypothesen werden unter Einsatz verschiedener diagnostischer Methoden geprüft.

Nachdem sich der Verdacht auf eine Legasthenie bestätigt und die vermuteten Bedingungen und Ursachen aufgedeckt sind, wird ein gestufter Förderplan (siehe Abschn. 3.2) erstellt mit einem Bündel von Maßnahmen, das sich auf die direkte Förderung des Jungen, aber auch auf Veränderungen und Hilfestellung in Schule und Familie bezieht. Nach mehr als einem Jahr findet eine Evaluation der Intervention statt, die zumindest das teilweise Erreichen der Förderziele bestätigt und auf neue Förderschwerpunkte verweist.

Auch die für die Förderdiagnostik charakteristischen Merkmale (siehe Abschn. 3.3) sind im Fallbeispiel gut zu erkennen. Mithilfe der Fehleranalyse wird zum Beispiel der Lernprozess analysiert und nächste Lernschritte können aufgezeigt werden. Anamnese und Elterngespräch erhellen den Kontext, der aus einer jahrelangen wenig förderlichen schulischen Lernsituation und ungünstigen häuslichen Bedingungen besteht. Die Diagnostik wird konsequent mit der individuellen Förderung durch eine Legasthenietherapie und durch schulische und familiäre Stützmaßnahmen verknüpft. Indem alle Beteiligten ihr Fachwissen in den förderdiagnostischen Prozess einbringen, wird dezidiert auf vorgeordnete Theorien zurückgegriffen und alle Beteiligten bauen auf die Stärken des Jungen: seine überraschend gute Lern- und Leistungsmotivation, die gelungene Integration in die Klassengemeinschaft sowie die mindestens durchschnittlichen Leistungen vor allem im Rechnen.

Als diagnostische Methoden zur Hypothesenprüfung werden die in Kap. 3 beschriebene Anamnese, die reflektierte unwissenschaftliche Verhaltensbeobachtung, die Fehleranalyse und verschiedene psychometrischer Verfahren eingesetzt.

4.9 Fragen zur Vertiefung und Reflexion

Welche Lernrückstände gaben Anlass zur Förderdiagnostik?

Welche Problematik vermutete die Lehrerin bezüglich Saschas Motorik und seinem familiären Umfeld?

Welche Fördermaßnahmen wurden ergriffen, um Saschas Lesefreude zu erhöhen und das ratende Lesen zu verringern?

Welche Verbesserungen im Rechtschreiben wurden durch die Förderung erzielt?

Literatur

Angermaier, M. 1977. *Psycholinguistischer Entwicklungstest (PET)*. Göttingen: Hogrefe.

Breuer, H., und M. Weuffen. 1980. *Gut vorbereitet auf das Lesen- und Schreibenlernen*. Berlin: Deutscher Verlag der Wissenschaften.

Hatz, H. 2009. Fallbeispiel einer diagnosegeleiteten Intervention bei Lese-Rechtschreibstörungen. In *Legasthenie und Lese-Rechtschreibschwierigkeiten. Fallgeschichten aus der Praxis*, Hrsg. W. Lenhard und P. Küspert, 9–26. Würzburg: Edition Bentheim.

Kossow, H.-J. 2000. *Das Lautoperationsverfahren*. Bochum: Dr. Winkler.

May, P. 2002. *Die Hamburger Schreibprobe*. Hamburg: Verlag für pädagogische Medien.

Mayringer, H., und H. Wimmer. 2003. *Salzburger Lese-Screening für Klassenstufen 1-4 (SLS 1-4)*. Bern: Huber.

Müller, R. 2003. *Diagnostischer Rechtschreibtest für dritte Klassen (DRT 3)*. Göttingen: Beltz.

Reuter-Liehr, C. 2001. *Lautgetreue Lese-Rechtschreibförderung*, Bd. 1. Bochum: Winkler.

Aktueller Forschungsstand zur pädagogischen Diagnostik 5

Zusammenfassung
Innerhalb der pädagogisch-psychologischen Diagnostik kann man zwei Diskussions- und Forschungsschwerpunkte ausmachen, mit denen sich die Wissenschaftler/innen derzeit intensiv beschäftigen. Zum einen gilt es die Lernverlaufsdiagnostik gerade im Kontext einer inklusiven Schule qualitativ und inhaltlich weiterzuentwickeln und zum anderen sucht man nach einer „inklusiven Diagnostik" und ihrer Beziehung zur bestehenden Förderdiagnostik. Darüber hinaus wird momentan die Konstruktion neuer, streng an Unterricht und Curriculum orientierter Diagnoseverfahren, sogenannter Kompetenzraster, vorangetrieben. Die Kompetenzraster sind praktisch eine Fortentwicklung der bereits vorhandenen und erprobten Kompetenzinventare.

5.1 Weiterentwicklung der Lernverlaufsdiagnostik

Besonders kontrovers wird in der aktuellen Fachliteratur der RTI-Ansatz (siehe Abschn. 2.1.1) als theoretischer Beitrag zur Lernverlaufsdiagnostik im Rahmen der schulischen Inklusion diskutiert. Hier reichen die Stellungnahmen vom willkommenen Paradigmenwechsel (Huber und Grosche 2012) bis hin zur völligen Ablehnung (Hinz 2013).

Zunehmend häufen sich jedoch die kritischen Stimmen. Was passiert eigentlich mit den restlichen zwei Prozent der „Non-Responder", also mit Kindern, die auf keine Fördermaßnahme der drei Interventionsstufen positiv reagieren? Wird hier nicht wieder ein nicht inkludierbarer Rest für eine „Rest-Sonderschule" konstruiert? fragt sich Limbach-Reich (2015). Schwere Formen kognitiver

Beeinträchtigung und schwere Störungen im sozial-emotionalen Bereich tauchen in den konzeptionellen Überlegungen zum RTI-Ansatz überhaupt nicht auf. Sie fallen bereits bei der Etablierung eines evidenzbasierten Unterrichts auf Ebene eins heraus und sind mit den vorhandenen curriculumbasierten Leistungsmessungen nicht zu erreichen. Ihre Zuweisung zu einer separierenden sonderpädagogischen Unterrichtung wird nicht einmal im Ansatz hinterfragt.

Entsprechend resümiert Limbach-Reich (2016, S. 492): „Inklusion im RTI-Modell bezieht sich bisher fast ausschließlich auf Schüler mit vorübergehenden Lernproblemen in der Grundschule, die in den zentralen Bereichen Lesen, Schreiben und Mathematik den für alle gleichlautenden Leistungsanforderungen unterworfen werden und denselben evidenzbasierten Unterricht bekommen. ... Inklusion im Sinne des gemeinsamen Unterrichtens aller Schüler am gemeinsamen Gegenstand gemäß ihrer individuellen Entwicklungsvoraussetzungen lässt sich jedoch unter Beibehaltung der Kernkonzepte des RTI-Ansatzes nicht realisieren."

Die Forschung um die Verlaufsdiagnostik dreht sich momentan vor allem um die Sicherstellung der erforderlichen Aufgabenqualität. Dabei besteht noch eine Reihe zu lösender Probleme:

- Validität: Es muss sichergestellt sein, dass alle Aufgaben über die Zeit hinweg immer dieselbe Kompetenz erfassen und zwar auch noch genau das, was in der Klasse unterrichtet wurde. Dies ist beim Lesen noch recht einfach, wie aber soll im Sachunterricht, in Erdkunde oder Geschichte mit vielen unterschiedlichen Lerninhalten immer das Gleiche gemessen werden? Hier wird es darauf hinauslaufen, dass in den wiederholt vorgelegten Tests alles enthalten ist, was die Kinder im Laufe eines Schuljahres in einem Fach lernen sollen. Das bedeutet aber auch, dass die Schüler und Schülerinnen am Jahresende auch noch die Lerninhalte parat haben müssen, die zu Schuljahresbeginn gelehrt wurden.
- Aufgabenschwierigkeit: Der Schwierigkeitsgrad aller Aufgaben muss gleich und über alle Messungen hinweg konstant bleiben. Das bedeutet, es müssen sehr viele Aufgaben zur Verfügung stehen, sodass in jeder Messung neue Aufgaben eingesetzt werden können. Würden die gleichen Aufgaben mehrfach vorgelegt, würden diese durch Erinnerungseffekte leichter und es wäre auch fraglich, ob dann noch die gleiche Kompetenz gemessen würde und nicht unter Umständen die Gedächtnisleistung.
- Änderungssensibilität: Beim engmaschigen Überwachen der Lernverläufe werden die Lernstände nach recht kurzen Lehr-Lern-Phasen gemessen. Deshalb sind keine großen Lernfortschritte zu erwarten, sondern eher kleine und es muss eben gewährleistet sein, dass alle Aufgaben diese eher kleinen

5.1 Weiterentwicklung der Lernverlaufsdiagnostik

Kompetenzveränderungen tatsächlich auch erfassen. Das Prüfen der Aufgaben auf ihre Änderungssensibilität hin ist ein aufwendiges Verfahren. In der Regel braucht man dazu zwei Untersuchungsgruppen: eine Experimentalgruppe, die über einen kurzen Zeitraum hinweg gefördert wird, und eine Kontrollgruppe ohne Förderung. Vergleicht man nun die Leistungsstandmessungen am Anfang und am Ende der Förderung, muss der Lernfortschritt in der geförderten Experimentalgruppe signifikant größer sein als in der nicht geförderten Kontrollgruppe. Solche Studien liegen noch nicht für alle Messinstrumente vor.

Allerdings bleibt das grundsätzliche Problem der Verlaufskontrolle in Fächern der Sekundarstufe bestehen, die auf den Erwerb konzeptionellen Wissens (Zusammenhänge, Modelle, Gesetze, …) oder auf komplexe handlungsorientierte Kompetenzen wie zum Beispiel das Experimentieren zur Erkenntnisgewinnung abzielen. Zudem könnte gerade bei Schüler/innen der Sekundarstufe die ständige Leistungskontrolle und Rückmeldung durch die Lehrkraft heikel sein und für manche leistungsschwachen Schüler/innen vielleicht sogar beschämend. Hier wären computergestützte Rückmeldungen oder Überprüfungen durch Mitschüler/innen von Vorteil (Maier 2014).

Mit Blick auf den inklusiven Unterricht werden Verfahren zur Verlaufsdiagnostik vermehrt auch auf ihre Inklusionstauglichkeit hin überprüft. Dabei geht es in erster Linie darum, dass auch die Leistungen schwächerer Kinder noch zuverlässig erfasst werden. Durch das Ergänzen einer Reihe leichterer Aufgaben gelingt dies in der Regel recht gut (Gebhardt et al. 2015). Wie nun aber Kinder mit komplexen Behinderungen und schweren Lernbeeinträchtigungen, die beispielsweise psychomotorisch verlangsamt sind, deren Auffassungsgabe deutlich herabgesetzt ist und die über sehr geringe Kompetenzen etwa im Sprachverständnis und/oder im sprachlichen Ausdruck verfügen, in die Verlaufsdiagnostik einbezogen werden können, dafür haben die Testentwickler momentan noch keine Lösung parat. Inwieweit diese enorme Heterogenität überhaupt mit einem einzigen Messverfahren abgedeckt und bewältigt werden kann, bleibt zumindest zweifelhaft.

Neueste Überlegungen und Forschungsansätze zielen darauf ab, Lehrkräfte anhand von Konstruktionsleitfäden in die Lage zu versetzen, selbstständig an den eigenen Unterricht optimal angepasste Messinstrumente zu erstellen. Werden die Konstruktionsschritte im Leitfaden genau erläutert, liegt eine auf fachlicher Kompetenz beruhende Aufschlüsselung der Kompetenzstufen vor und verfügt die Lehrkraft über eine ausreichende Expertise zur Entwicklung der sogenannten Kulturtechniken, gelingt – so die Erfahrung aus ersten Studien – das eigenständige Herstellen der Messverfahren durch Lehrkräfte (Rensing et al. 2016; Käter et al. 2016).

5.2 Förderdiagnostik und inklusive Bildung

Wenn es eine inklusive Schule, inklusive Pädagogik und Didaktik gibt, muss es zwangsläufig auch eine inklusive Diagnostik geben, die den Prinzipien der Inklusion gehorcht. Nun kann aber bislang niemand sagen, was das Neue und ganz Andere einer inklusiven Diagnostik ausmacht und auf entsprechende inklusive Strategien und Methoden verweisen könnte. Aus dieser Not heraus werden einfach die altbewährten und gängigen Strategien und Methoden der Förderdiagnostik umetikettiert oder leicht umfrisiert und schon erstrahlt die inklusive Diagnostik in ihrem neuen Glanz, zumindest für diejenigen, die mit dem Konzept der Förderdiagnostik nicht oder kaum vertraut sind.

Ein Blick in das „Handbuch Inklusive Diagnostik" (Schäfer und Rittmeyer 2015a) liefert eine 600 Seiten starke Bestätigung für diese Behauptung. Dort versammeln sich alle namhaften Vertreter/innen der Förderdiagnostik aus den letzten zwei Jahrzehnten und breiten den inklusiven Teppich ihrer bis dato förderdiagnostischen Ansätze vor dem Leser aus. Häußler (2015) bietet selbstverständlich den von ihr in den 90er Jahren aus dem anglo-amerikanischen Sprachraum übernommenen und weiterentwickelten TEACH-Ansatz als inklusionstüchtiges Instrumentarium an. Willmann (2015) lässt aus gutem Grund die aus den 90er Jahren stammende Kind-Umfeld-Analyse im Zusammenhang mit verhaltensschwierigen Kindern hochleben. Bundschuh (2015) erinnert an seinen im Rahmen der Förderdiagnostik formulierten Förderplanvorschlag, der sich immer noch aus Planungs-, Durchführungs- und Evaluationsphase zusammensetzt. Fischer (2015) preist unverhohlen für die inklusive Gestaltung des Übergangs von der Schule in den Beruf eigentlich inklusiv geächtete psychologische Testverfahren wie MELBA und HAMET an, die seit mehreren Jahrzehnten in der Pädagogik bei Menschen mit geistiger Behinderung erfolgreich eingesetzt werden. Sarimski (2015) empfiehlt als diagnostische Verfahren einer inklusiven Frühförderung für Inklusionsbefürworter/innen ebenfalls anrüchige psychometrische Verfahren zur Früherfassung von Entwicklungsauffälligkeiten. Alt bekannte und alt bewährte Sprachscreenings tauchen hier ebenso auf wie die Verfahren zur Erfassung von Vorläuferfertigkeiten mathematischer und schriftsprachlicher Kompetenzen. Von Knebel (2015) macht sich nicht einmal mehr die Mühe des Kaschierens und Umbenennens, wenn er schreibt, dass die Anforderungen an eine pädagogische Sprachdiagnostik, die auf der Grundlage des von ihm seit vielen Jahren vertretenen Sprachförderkonzepts beruhen, selbstverständlich auch (!) in der inklusiven Schule Geltung beanspruchen.

5.2 Förderdiagnostik und inklusive Bildung

Aber auch förderdiagnostisch weniger vorbelastete Autoren und Autorinnen greifen mangels Alternativen auf förderdiagnostische Ideen zurück und empfehlen als Methoden der inklusiven didaktischen Diagnostik die Kind-Umfeld-Analyse, Verhaltensbeobachtung, Kompetenzinventare und Kompetenzraster oder Portfolios und Lerntagebücher (Meyer und Jansen 2016). In diesem Zusammenhang verweist Breitenbach (2017) darauf, dass, um der großen Heterogenität in Schulklassen Rechnung zu tragen, neue Verfahren entwickelt oder vorhandene überarbeitet werden müssten, die vor allem auch den Bereich der sehr niedrigen Leistungsfähigkeit oder basalen Kompetenzen miterfassen.

Wenn schon in der Praxis mangels neuer Ideen alles beim Alten bleibt, zeigt sich vielleicht in theoretischen Überlegungen das Neuartige inklusiver Diagnostik. Für Prengel (2013) wird im inklusiven Unterricht eine pädagogische Diagnostik gebraucht, die individuelle pädagogische Angebote im binnendifferenzierten Unterricht begründet. Diese pädagogisch-inklusive Diagnostik beantworte die elementaren Fragestellungen nach der Lernausgangslage, nach den nächsten Lernzielen und Lernschritten, nach den Hilfen und nach der Unterstützung beim Gehen dieser nächsten Lernschritte und schließlich nach dem Lernerfolg. Diese Beschreibung der inklusiven Diagnostik ist der Definition von Förderdiagnostik zum Verwechseln ähnlich, um nicht zu sagen, sie ist mit ihr identisch.

An anderer Stelle wird die inklusive Diagnostik auch als Lernverlaufsdiagnostik oder formative Diagnostik gekennzeichnet (Huber und Rietz 2015). Es verwundert deshalb nicht, wenn der RTI-Ansatz als theoretische Grundlage sowohl für die Lernverlaufsdiagnostik (Blumenthal et al. 2014) als auch für die inklusive Diagnostik (Limbach-Reich 2015) herhalten muss. Eine eigenwillige und auch sehr im Vagen verbleibende Vorstellung von inklusiver Diagnostik entwickeln Schäfer und Rittmeyer (2015b). Sie denken dabei keineswegs an spezifische Verfahren, sondern für sie ergibt sich das Besondere und Neue einer inklusiven Diagnostik durch zwei gleichzeitig ablaufende Annäherungsprozesse: Annäherung von qualitativen und quantitativen Methoden und Zusammenwirken von Regel- und Sonderpädagogik. Was dabei herauskommt, bleibt abzuwarten.

Schumann (2013) behauptet unter Bezug auf das Gutachten des Grundschulverbandes „Inklusive Bildung in der Primarstufe", inklusive Bildung brauche selbstverständlich auch eine inklusive Diagnostik, die sich logischerweise an den zentralen Prinzipien einer inklusiven Pädagogik orientiert und ausrichtet. Für inklusive Kontexte bedarf es auch für Boban und Hinz (2016) einer Diagnostik, die den Grundsätzen inklusiver Pädagogik entspricht. Dies bleiben jedoch fromme Wünsche oder unerfüllbare Forderungen, da jegliche Form von Diagnostik ohne die in der inklusiven Pädagogik heftigst abgelehnten Normvergleiche und Kategorisierungen nicht denkbar ist (Breitenbach 2017). In weniger ideologisch, sondern eher fachlich-sachlich geprägten Veröffentlichungen zur Inklusion wird demzufolge auch mehr und mehr die Bezeichnung „inklusive Diagnostik" durch „Diagnostik im Kontext inklusiver Bildung" oder „Diagnostik im inklusiven Unterrichts oder in der inklusiven Schule" ersetzt (Amrhein 2016). Im gleichen Atemzug wird auch die Notwendigkeit einer diagnostischen Platzierungsstrategie nicht mehr geleugnet und es wird zugestanden, dass vorsichtige kollektive Zuordnungen oder Kategorisierungen für die pädagogische Diagnostik durchaus hilfreich sein können (Prengel 2016).

Resümierend lässt sich festhalten: Es spricht vieles dafür, dass es eine inklusive Diagnostik weder gibt noch braucht. Vielmehr sind Förderdiagnostik und Lernverlaufsdiagnostik in allen möglichen Bereichen inklusiver Bildung hilfreich und ohne große theoretische oder praktische Probleme in eine inklusive Schule inkludierbar.

5.3 Neue Diagnoseverfahren: Kompetenzraster

Im Zusammenhang mit der Diagnostik im inklusiven Unterricht schlägt Reich (2014) vor, in sogenannten Kompetenzrastern Einzelkompetenzen möglichst exakt zu beschreiben, die dann Lehrkräften als Grundlage zum Erstellen von Lern- und Handlungsplänen dienen. Auf einer Achse werden im Kompetenzraster beobachtbare Fähigkeiten (Schlüsselqualifikationen bzw. Kompetenzen) aufgeführt, die auf diese Weise den handlungsbezogenen Lern- und Arbeitsbereich festlegen. Entlang der zweiten Achse werden einzelne Niveaustufen handlungsbezogen definiert und in aufsteigendem Schwierigkeitsgrad angeordnet. Für einzelne wichtige Kompetenzen soll – dies ist zumindest die Idee – im Kompetenzraster ein breites Leistungs- und Entwicklungsspektrum abgebildet werden, das idealerweise sowohl die Leistungen eines Kindes mit geistiger Behinderung als auch die eines Abiturienten erfasst. In den einzelnen Zellen eines solchen Rasters stehen also einzelne Verhaltensweisen oder operationalisierte Lernziele, die bestimmte Kompetenzbereiche auf einem bestimmten Leistungsniveau repräsentieren und mit deren Hilfe die Lehrkraft den jeweiligen Lernstand eines Kindes feststellen und den nächsten Lernschritt bestimmen kann (Abb. 5.1).

Kompetenzraster sind tabellarische Einschätztabellen, die am besten von Lehrkräften gemeinsam in einem Team erarbeitet werden. Sie sollten sprachlich so abgefasst sein, dass sie für die Schüler/innen der jeweiligen Jahrgangsstufe verständlich sind. Zur Konkretisierung werden im Anschluss an die Kompetenzraster Checklisten angefertigt, mit deren Hilfe die Lernenden sehen, was sie tun

	Kompetenzstufe			
Kompetenz	K1	K2	K3	…
Zahlenoperationen verstehen und beherrschen	Ich kenne Zahlenzerlegungen bis 10/20 auswendig und kann sie in Aufgaben nutzen.	Ich verstehe das Zusammenzählen und Abziehen. Ich kann im Zahlenraum bis 10/20 rechnen und meine Rechenwege erklären und darstellen.	Ich kann im Zahlenraum bis 100 addieren und subtrahieren und meine Rechenwege erklären und darstellen.	
Umgang mit Größen	Ich kenne die Grundeinheiten der Größenbereiche Geld, Längen und Zeit.	Ich kenne den Zusammenhang zwischen den unterschiedlichen Grundeinheiten der Größenbereiche Geld, Längen und Zeit.	Ich kann in einfachen Sachzusammenhängen mit Größen (Geld, Längen, Zeit) rechnen.	
…				

Abb. 5.1 Ausschnitt aus einem Kompetenzraster zur Mathematik in der Grundschule (https://bildungsserver.hamburg.de/contentblob/4392452/aa5b0e06d046e-30d7e5f301cc235532f/data/materialien091.pdf, 29.05.2019)

müssen, um ein Rasterfeld zu bewältigen. In der Checkliste werden die Handlungen der Lernenden genau beschrieben: „Ich kann Dezimalzahlen auf Skalen ablesen und auf einem Zahlenstrahl darstellen" (Reich 2014, S. 267). Des Weiteren wird in einer zweiten Spalte auf das dafür notwendige Übungsmaterial verwiesen und eine dritte Spalte bietet Raum für die Lernkontrolle durch die Lehrkraft. Hier wird festgestellt, ob die Kompetenz erreicht wurde oder wo noch Lernbedarf besteht (Reich 2014).

5.4 Fragen zur Vertiefung und Reflexion

Bei der Entwicklung neuer Instrumente zur Lernverlaufsdiagnostik ist es wichtig, die Aufgabenqualität sicherzustellen. Welche Probleme sind in diesem Zusammenhang zu lösen?

Welche Argumente sprechen dafür, dass es keine inklusive Diagnostik gibt, sondern nur eine Diagnostik im inklusiven Unterricht?

Literatur

Amrhein, B., Hrsg. 2016. *Diagnostik im Kontext inklusiver Bildung. Theorien, Ambivalenzen, Akteure, Konzepte.* Bad Heilbrunn: Julius Klinkhardt.

Blumenthal, Y., K. Kuhlmann, und B. Hartke. 2014. Diagnostik und Prävention von Lernschwierigkeiten im Aptitude Treatment Interaction-(ATI-) und Response to Intervention-(RTI-)Ansatz. In *Lernverlaufsdiagnostik*, Bd. 12, Hrsg. M. Hasselhorn, W. Schneider, und U. Trautwein, 61–81., Tests und Trends Göttingen: Hogrefe.

Boban, I., und A. Hinz. 2016. Dialogisch-systemische Diagnostik – Eine Möglichkeit in inklusiven Kontexten. In *Diagnostik im Kontext inklusiver Bildung. Theorien, Ambivalenzen, Akteure, Konzepte*, Hrsg. B. Amrhein, 64–78. Bad Heilbrunn: Julius Klinkhardt.

Breitenbach, E. 2017. Inklusive Diagnostik – „alter Wein in neuen Schläuchen"? In *Inklusion – Chancen und Herausforderungen für Menschen mit geistiger Behinderung*, Hrsg. E. Fischer und C. Ratz, 102–122. Weinheim: Beltz Juventa.

Bundschuh, K. 2015. Grundlagen der Förderplanung. In *Handbuch Inklusive Diagnostik*, Hrsg. H. Schäfer und C. Rittmeyer, 269–286. Weinheim: Beltz.

Fischer, E. 2015. Arbeit und Diagnostik – Wege und Erfordernisse im Übergang Schule –Beruf (ÜSB). In *Handbuch Inklusive Diagnostik*, Hrsg. H. Schäfer und C. Rittmeyer, 269–286. Weinheim: Beltz.

Gebhardt, M., Heine J., Zeuch, N., und N. Förster. 2015. Lernverlaufsdiagnostik im Mathematikunterricht der zweiten Klasse: Raschanalysen und Empfehlungen zur Adaptation eines Testverfahrens für den Einsatz in inklusiven Klassen. *Empirische Sonderpädagogik*, 7:206–222.

Häußler, A. 2015. Autismus und Diagnostik im Kontext pädagogischer Förderung. In *Handbuch Inklusive Diagnostik*, Hrsg. H. Schäfer und C. Rittmeyer, 404–418. Weinheim: Beltz.

Hinz, A. 2013. Inklusion – von der Unkenntnis zur Unkenntlichkeit!? – Kritische Anmerkungen zu einem Jahrzehnt Diskurs über schulische Inklusion in Deutschland. *Zeitschrift für Inklusion,* 1/2013:1–17.

Huber, C., und C. Rietz. 2015. Direct Behavior Rating (DBR) als Methode zur Verhaltensverlaufsdiagnostik in der Schule: Ein systematisches Review von Methodenstudien. *Empirische Sonderpädagogik*, 7:75–98.

Huber, C., und M. Grosche. (2012). Das response-to-intervention-Modell als Grundlage für einen inklusiven Paradigmenwechsel. *Zeitschrift für Heilpädagogik*, 63:312–322.

Käter, C., T. Käter, R. Martenstein, und C. Hillenbrand. 2016. Leitfadengestützte Konstruktion eines Instruments zur Lernverlaufsdiagnostik (CBM) im Bereich Lesen. *Zeitschrift für Heilpädagogik* 66:168–179.

Knebel, U. V. 2015. Emotional-soziale Schwierigkeiten und Verhaltensstörungen: Diagnostik und Assessment in der inklusiven Schule. In *Handbuch Inklusive Diagnostik*, Hrsg. H. Schäfer und C. Rittmeyer, 371–383. Weinheim: Beltz.

Limbach-Reich, A. 2015. „Response to Intervention" (RTI) im Spannungsfeld Inklusiver Diagnostik. In *Handbuch Inklusive Diagnostik*, Hrsg. H. Schäfer und C. Rittmeyer, 404–418. Weinheim: Beltz.

Maier, U., K. Kuhlmann, und B. Hartke. 2014. Formative Leistungsdiagnostik in der Sekundarstufe – Grundlegende Fragen, domänenspezifische Verfahren und empirische Befunde. In *Lernverlaufsdiagnostik*, Bd. 12, Hrsg. M. Hasselhorn, W. Schneider, und U. Trautwein, 19–39., Tests und Trends Göttingen: Hogrefe.

Meyer, M., und C. Jansen. 2016. *Schulische Diagnostik. Ein Studien- und Arbeitsbuch*. Bad Heilbrunn: Julius Klinkhardt.

Moor, P. 1965. *Heilpädagogik. Ein pädagogisches Lehrbuch*. Bern: Huber

Prengel, A. 2013. *Inklusive Bildung in der Primarstufe. Eine wissenschaftliche Expertise des Grundschulverbandes*. Frankfurt a. M.: Grundschulverband e. V.

Prengel, A. 2016. Didaktische Diagnostik als Element alltäglicher Lehrerarbeit – „Formatives Assessment" im inklusiven Unterricht. In *Diagnostik im Kontext inklusiver Bildung. Theorien, Ambivalenzen, Akteure, Konzepte*, Hrsg. B. Amrhein, 49–63. Bad Heilbrunn: Julius Klinkhardt.

Reich, K. 2014. *Inklusive Didaktik. Bausteine für eine inklusive Schule*. Weinheim: Beltz.

Rensing, J., Käter, C., Käter, T., und C. Hillenbrand. 2016. Konstruktion und Überprüfung eines curriculumbasierten Testverfahrens im Fach Mathematik für die vierte Klasse. *Empirische Sonderpädagogik*, 8:346–366.

Sarimski, K. 2015. Diagnostik und Inklusion in der Frühförderung. In *Handbuch Inklusive Diagnostik*, Hrsg. H. Schäfer und C. Rittmeyer, 360–370. Weinheim: Beltz.

Schäfer, H., und C. Rittmeyer, Hrsg. 2015a. *Handbuch Inklusive Diagnostik*. Weinheim: Beltz.

Schäfer, H., und C. Rittmeyer. 2015b. Inklusive Diagnostik. In *Handbuch Inklusive Diagnostik*, Hrsg. H. Schäfer und C. Rittmeyer, 103–130. Weinheim: Beltz.

Schumann, B. 2013. Statt RTI: Inklusive Bildung braucht inklusive Diagnostik. http://bildungsklick.de/a/88459/inklusive-bildung-braucht-inklusive-diagnostik/. Zugegriffen: 27. Dez. 2018.

Willmann, M. 2015. Emotional-soziale Schwierigkeiten und Verhaltensstörungen: Diagnostik und Assessment in der inklusiven Schule. In *Handbuch Inklusive Diagnostik*, Hrsg. H. Schäfer und C. Rittmeyer, 419–432. Weinheim: Beltz.

The manufacturer's authorised representative in the EU is Springer Nature Customer Service Centre GmbH, Europaplatz 3, 69115 Heidelberg, Germany. If you have any concerns regarding our products, please contact ProductSafety@springernature.com

Printed and bound by CPI Group (UK) Ltd, Croydon, CR0 4YY
23/03/2026
02076396-0008